FRUITS DE MER
COQUILLAGES, MOLLUSQUES, CRUSTACÉS

Franck Jouve

D1350814

Dans la même collection

VIVRE AVEC SON CHAT

CHANGEONS DE PETIT DÉJEUNER

PAPIERS PLIÉS :
DES IDÉES PLEIN LES MAINS

PROMENADE AU FIL DES SAISONS

LA CUISINE AUX HERBES

À CHACUN SA PÊCHE

OISEAUX DES RUES
ET DES JARDINS

LA GYM DOUCE

NOUVEAUX SPORTS AÉRIENS

LES ENFANTS ET
LEURS ANIMAUX FAMILIERS

À CHACUN SA CHASSE

LE PLAISIR FÉMININ

AQUARIUMS :
LA NATURE MISE EN SCÈNE

PLEINS FEUX SUR LES ŒUFS

LES SECRETS DE L'ORCHIDÉE

LA PASSION DES COLLECTIONS

UN SPORT POUR VOTRE ENFANT

LE VRAI PLAISIR DU VIN

LES FRUITS, DÉLICES DU JARDIN

J'ai lu la vie !

FRUITS DE MER
COQUILLAGES, MOLLUSQUES, CRUSTACÉS

Franck Jouve

Enfant, vous avez porté des coquillages vides à votre oreille pour y écouter la mer. Depuis, vous les préférez habités, tout frais cueillis, ruisselants d'eau salée et fleurant bon l'iode marin…

Les fruits de mer sont à la mode : on peut les consommer sans crainte toute l'année et profiter de leurs exceptionnelles qualités nutritives et diététiques.

Inutile d'attendre une grande occasion pour s'offrir un plateau de fruits de mer : ils apportent à peu de frais une ambiance de fête. Et pourquoi attendre l'été pour aller les pêcher ? Pas de saison pour un week-end de cueillette et de dégustation sur place !

Mais comment s'y retrouver au milieu de tous ces trésors, si différents, que découvre la mer à marée basse ? Comment choisir, sur la carte

Frais, nourrissants et diététiques, les fruits de mer s'adaptent à tous les budgets.

du restaurant ou devant l'étal du poissonnier ?

Vous trouverez dans ce livre tout ce qu'il faut savoir sur les coquillages, les mollusques et les crustacés, leur pêche, leur dégustation, mais aussi leur collection, leur décoration, quel vin servir avec les palourdes, comment pêcher les couteaux, l'art d'ouvrir, de cuire et de congeler...

Vous apprendrez aussi pourquoi les huîtres sont meilleures quand elles ont pleuré, que c'est un vendeur de nouilles japonais qui a inventé la première perle de culture !

Alors, ouvrez-vous l'appétit et des horizons nouveaux, révolutionnez vos menus, iodez votre santé, multipliez vos loisirs... Bref, sortez de votre coquille !

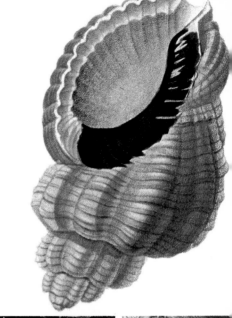

9 AU COMMENCEMENT ÉTAIENT LES FRUITS DE MER

Les origines de nos plus lointains ancêtres, qui servirent de bijoux, de monnaies, de vaisselle…

23 ALBUM DE FAMILLE

De l'amande de mer au violet, trente-deux fruits de mer et leurs deux cent cinquante appellations régionales, qui forment un gigantesque plateau de coquillages, mollusques et crustacés.

53 OUVERTURE DE LA PÊCHE

Comment faire de la cueillette à marée basse la plus tonique des promenades.
Conseils et astuces pour reconnaître à la trace palourdes et coques, pour attraper les couteaux et dénicher les crabes.
Les huîtres : histoire, différences, catégories…

75 L'EAU À LA BOUCHE

Comment préparer, nettoyer, ouvrir les fruits de mer avant de les cuisiner.

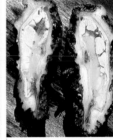

LANGAGE   91
DE FÊTE

De l'assiettée moules-frites au plateau royal, en passant par les ragoûts de coquillages. Comment composer un plateau, les mariages de rigueur et de saison, le service des vins.

À TABLE   105
OUVERTE !

Au naturel ou cuisinées, mille saveurs venues de la mer. Recettes simples ou trois étoiles : huîtres farcies, homard à l'armoricaine, Saint-Jacques à la vapeur, omelette d'oursins, croquettes de moules, abalones braisés, choucroute aux fruits de mer, etc.

À VOTRE   125
SANTÉ !

Aliments complets, riches en vitamines et en oligo-éléments, les fruits de mer vous offrent une cure à portée de votre assiette, accompagnée d'un bouquet d'algues pour la santé et la beauté.

CHASSE   155
AUX TRÉSORS

Bijoux ou bibelots, les coquillages se décorent et se collectionnent.

AU COMMENCEMENT ÉTAIENT LES FRUITS DE MER...

LES MOLLUSQUES, NOS PLUS LOINTAINS ANCÊTRES !

A l'aube des temps, quand les vertébrés les plus primitifs n'avaient pas encore fait leur apparition, déjà les mers du globe regorgeaient de mollusques... Les coquillages allaient un jour devenir les premières délices de l'homme, ses premiers bijoux, sa première vaisselle et sa première monnaie, et même ses premiers porte-bonheur...

Leur origine se perd
dans la nuit des temps.

*L*a plage garde le reflet de la mer qui se retire ; la vie continue à grouiller sous le sable, jusqu'au retour prochain des ondes nourricières.

L'homme descend du singe, énonçait Darwin. Aujourd'hui, nous pensons plutôt que l'homme et le singe descendent tous les deux d'ancêtres communs. Et parmi les plus lointains de ces grands aïeux, puisque toute vie sortit des eaux, il y a les mollusques.

D'OÙ VIENNENT-ILS ?

Dans l'abîme du temps, les fruits de mer nous ont précédés de quelques centaines et centaines de millions d'années. La fabuleuse antiquité de ces vénérables petites bêtes a même permis de faire remonter à l'une d'entre elles le phénomène des marées...

C'est du moins ce que raconte Rudyard Kipling dans une de ses savoureuses *Histoires comme ça :* « Le Crabe qui jouait avec la mer ».

Désobéissant à l'Aîné des Magiciens, un gigantesque Roi-Crabe avait pris l'habitude d'abandonner chaque jour et chaque nuit sa demeure marine pour partir en quête de pitance… Mal lui en prit ! Car ses allées et venues n'étaient pas passées inaperçues, s'accompagnant alternativement de crues et d'assèchements. En guise de châtiment, le trop téméraire Pau-Amma (c'était son nom) fut réduit à sa taille actuelle de petit crabe. Ce qui n'empêcha pas le flux et le reflux de poursuivre leur mouvement perpétuel. Les marées étaient nées.

QUI SONT-ILS ?

La fée Carabosse doit son nom au crabe (en grec : karabos), et le marquis de Carabas aussi : une carabe était une chaise à porteurs si lourde que les laquais ployaient sous son poids et marchaient en crabe.

Par fruits de mer, on admet : mollusques, coquillages et crustacés, étant entendu que si tout coquillage est mollusque, tout mollusque n'est pas coquillage… ni crustacé d'ailleurs. Affaire à suivre.

La race des mollusques.

Pour être admis mollusque à part entière, le candidat doit d'abord remplir une triple condition :
1. Être mou (c'est un invertébré) ;
2. Disposer d'un pied locomoteur ;
3. Bénéficier d'un manteau protecteur.
Ce n'est pas fini. Le mollusque peut vivre en coquille — attention : ce n'est pas une obligation même si c'est plus pratique :
■ Les gastéropodes occupent une

Après avoir constitué le squelette de la seiche, son « os » a servi à faire du dentifrice et de la poudre à luire avant de finir dans les magasins d'oiseliers pour l'usage du bec des serins.

coquille unique (quelques « monocoques » célèbres : ormeaux, bulots, bigorneaux…) ;

▪ Les bivalves, alias lamellibranches, disposent d'une coquille double (l'élite de la classe : huîtres, moules, Saint-Jacques…).

Le club des céphalopodes.

Même s'ils ne paraissent guère sur les plateaux, les fruits de mer comptent trois membres éminents chez les céphalopodes : le poulpe, la seiche et le calmar. Sans doute victime de la crise du logement, ce trio de mollusques s'accommode au mieux d'un réduit de coquille… interne ! Le squelette fantôme de ces étranges animaux se résume à un « os » chez la seiche, à une « plume » chez le calmar, et à rien chez le poulpe.

Autre trait de famille : tandis que le gastéropode se promène sur son estomac, le céphalopode, lui, marche sur la tête (plus exactement, son pied est remplacé par des tentacules à ventouses rangés autour de la tête) ! Et ce n'est pas tout. En vrai pionnier des moteurs à réaction, le poulpe en applique le principe depuis déjà quelques millions d'années : expulsion d'eau à l'arrière = propulsion en avant. Ces drôles de céphalopodes ont d'ailleurs bien d'autres tours dans leur

Une différence d'âge vertigineuse !
Nous :
(l'Homo sapiens)
200 000 à 300 000 années
Eux :
(les mollusques)
600 millions d'années

sac — dans leur poche à encre plutôt. Très pratique pour dérouter les ennemis : on crache un nuage noir (du concentré : quelques gouttes suffisent) et on profite du trouble pour filer ni vu ni connu. Décidément experts en l'art du camouflage, ils savent même modifier la couleur de leur corps pour se fondre dans le décor.

Le clan des crustacés.

Nos fruits de mer ne se contentent pas de s'encoquiller, quand ils ne vont pas tout nus, beaucoup préfèrent porter la cuirasse : faite de chitine, c'est cette « croûte » dure qui explique leur nom. En sus de leur carapace, les crustacés dignes de ce titre doivent :
■ disposer obligatoirement d'un corps en deux morceaux bien distincts : tête et thorax d'une part, queue de l'autre (ça saute aux yeux chez la crevette, ce n'est pas moins vrai pour les crabes, leur queue-

Mythe ou fantasme culinaire ? Une légende de l'île de Pâques évoque l'énorme « Langouste à Longue Queue » de la grotte de Kikirimariu qui fit périr 12 hommes avant de réussir à rassasier tous les survivants.

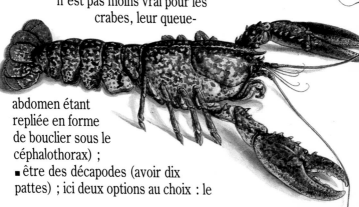

abdomen étant repliée en forme de bouclier sous le céphalothorax) ;
■ être des décapodes (avoir dix pattes) ; ici deux options au choix : le

modèle courant avec ses cinq paires de pattes locomotrices (type langouste) ou le modèle quatre paires locomotrices et cinquième paire convertie en pinces (type homard).

Au rayon culinaire, nous rencontrerons un cas un peu spécial : le cirripède. Lui habite une construction « multicoques ». L'oiseau rare et seul comestible (et comment !) du groupe : le pouce-pieds.

C'est qu'il existe des liens étroits entre le coquillage et l'homme. Depuis que nous nous fréquentons, les fruits de mer nous ont rendu de tels services ! Et pas seulement pour se nourrir.

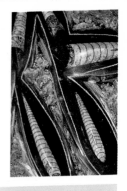

LA PRÉHISTOIRE EN QUELQUES COQUILLES

Les surprises des Kjökken-möddings.

Sous ce nom sévère (du danois Kjökken : cuisine et Mödding : tas de détritus) se cachent les énormes monceaux de débris culinaires et ménagers que nous ont légués les hommes préhistoriques. L'intérêt, c'est que, où qu'ils se trouvent — et on en a découvert partout sur les côtes, en Amérique du Sud comme en Écosse, au Portugal comme en France —, ces monstrueux reliefs se composent d'une telle quantité de coquilles qu'ils prouvent l'appétit de nos lointains ancêtres pour les fruits de mer. Mais

Les restes de l'ancêtre de la seiche, la bélemnite, servent de thermomètre aux savants : grâce à elle, nous savons quelle température il faisait il y a 160 millions d'années.

mettons-nous à leur place : les coquillages sont bien le seul animal qui se mange cru et à l'époque où le feu n'était pas encore domestiqué, c'était un avantage appréciable ! Et plus tard, même armés et devenus chasseurs de gibier, ils n'y renoncèrent pas pour autant ; il est vrai qu'en sus de leur saveur, les moules et les coques restaient plus faciles à capturer que les sangliers et autres mammouths !

Nous nous sommes tant aimés...

Nos amis les fruits de mer nous ont pour ainsi dire servi à tout. En

« *L*a créature qui réside à l'intérieur de la coquille construit son habitat au moyen de joints, de sutures, de matériau à couvrir et de toute autre espèce de fournitures, tout comme le fait l'homme pour sa maison ; et cette créature agrandit son mur et son toit petit à petit à mesure qu'elle remplit sa coquille et s'y attache.»
(Léonard de Vinci.)

*M*usiciens du cortège de Neptune, les Tritons étaient des divinités mi-homme, mi-poisson dont les conques étaient l'emblème et la trompette.
Il suffit de percer le sommet de la coquille et on obtient (selon la grosseur du trou) un sifflement strident ou de véritables mugissements qui se répercutent à la ronde.

hommage à nos bienfaiteurs, rappelons quelques-uns de leurs mérites extra-culinaires :

■ Batteries de cuisine et services de table « convertibles » : rentables et particulièrement pratiques, les coquilles plates et creuses des grosses Saint-Jacques furent à la fois les archétypes de la poêle, de la casserole et de l'assiette (on a trouvé de ces vétérans « cuitout » loin des côtes, preuve d'un succès qui dépassait la seule clientèle des bords de mer…).

■ Outils et ustensiles : de nombreuses autres coquilles aux formes propices servirent de râpe et de couteau, de cuiller et de louche (le locataire expulsé servant lui d'hameçon aux marins pêcheurs…) ; les plus grosses conques pouvaient quant à elles contenir plusieurs litres d'eau de pluie ou de source (de nos jours encore, en Grèce, on utilise le dolium géant comme réservoir d'huile d'olive).

■ Articles de beauté : il ne fait déjà aucun doute que les petits bivalves (cf. la moule) ont constitué les premières pinces à épiler des dames préhistoriques, et les fruits de mer se métamorphosèrent très vite en bijoux pour parer leur corps. L'âge des cavernes a livré ce secret de beauté : la femme de Cro-Magnon portait des porcelaines à la taille et à la poitrine. Les fouilles ont parlé : il y a plus de

Déjà connue depuis l'Antiquité pour favoriser la fertilité, la porcelaine tigrée est appelée « koyasu-gai » par les Japonais : le coquillage de l'accouchement sans douleur.

Bien avant de fasciner les collectionneurs, les cavités béantes des gros coquillages avaient des usages strictement utilitaires, comme celui d'écope sur les bateaux.

30 000 ans que nos ancêtres polissent les coquilles, les percent pour les transformer en colliers, bracelets, ceintures...

■ **Pièces de monnaie** : dans cette série des coquillages à tout faire, comment ne pas évoquer l'aspect monétaire ? Les coquilles les plus rares ou les plus belles servaient au commerce, tant avec les tribus voisines qu'avec des étrangers venus de très loin. Des porcelaines du Pacifique Sud ont ainsi été retrouvées à des milliers de kilomètres des mers d'où elles étaient sorties. Au cœur de la France, en Dordogne, on a découvert un « casque rouge » provenant de l'océan Indien ! Vasco de Gama n'était pourtant pas près d'ouvrir la route des Indes...

■ **Porte-bonheur** : cet usage bien particulier s'est poursuivi durant des millénaires et rien ne dit qu'il touche à sa fin. Le coquillage talisman passait, entre autres vertus, pour assurer à son propriétaire bonne fortune et santé. La croyance en ces coquilles-fétiches semble même avoir franchi le monde d'ici-bas pour s'étendre dans l'au-delà : une tombe mérovingienne du IXe siècle après J.-C. a montré un squelette portant des coquillages sur les fémurs et une huître sur le crâne ; à ses côtés gisaient des porcelaines des mers chaudes de l'Orient...

Trois d'entre eux au moins ont enrichi la civilisation en devenant l'emblème qui de la Foi, qui de la Démocratie, qui de la Royauté.

Des coquilles sur les chemins de Compostelle.

Signe de ralliement des pèlerins de Compostelle, les coquilles Saint-Jacques (trouées, attachées par une ficelle et portées sur l'épaule) leur servaient à la fois à mendier (sébile) et à manger (assiette). Au retour de ce long et périlleux voyage, chaque pèlerin, humble ou riche, avait le droit de porter une coquille sur ses armoiries ou sur sa porte.

Des élections à la majorité des huîtres.

Les Athéniens adoraient voter, et en guise de bulletins de vote, ils écrivaient sur les couvercles des huîtres (on en a retrouvé des

CES COQUILLAGES QUI ONT FAIT L'HISTOIRE

monceaux dans les fouilles de l'agora) ! C'est ainsi que le général Aristide, dit « le Juste », fut le premier à être frappé d'ostracisme (du grec *ostrakon* : coquille), à la majorité des huîtres gravées – et parce qu'il finissait par agacer ses concitoyens à force d'être juste…

L'épopée du murex.

Vers – 1500, Égyptiens et Crétois constatent un phénomène bizarre : des coquillages sécrètent un jus magique !

À peine exposés aux rayons du soleil, ils se mettent à changer de couleur et passent du jaune au vert puis du bleu au rouge-violet. Le jour où les villes phéniciennes de Tyr et de Sidon découvrirent le moyen infaillible de fixer ce curieux liquide la pourpre royale était née.

Les deux cités conquirent force et richesse en commercialisant leur trouvaille à un prix astronomique. Il faut dire que pour traiter la moindre petite étoffe, on devait utiliser une quantité gigantesque de murex et autres thais. Quand la matière première vint à manquer sur leurs côtes, il fallut bien aller la chercher plus loin : c'est ainsi qu'une quête de coquillages joua un rôle historique dans la colonisation de la Méditerranée. Les grands de ce monde continuèrent à faire teindre leurs toges et leurs manteaux, insignes de leur rang, jusqu'au jour fatal où Néron, l'empereur fou, décréta que lui seul était digne de porter la pourpre. Se retrouvant du coup avec un unique client, même royal, les affaires de Tyr et de Sidon ne tardèrent pas à péricliter.

Aujourd'hui encore, on montre au Liban, près de Sur et de Saïda (leurs noms actuels) des collines de coquilles vides, reliefs de leur grandeur passée.

ALBUM DE FAMILLE

DES CHIFFRES SPECTACULAIRES :

*L*es naturalistes ont compté plus de 110 000 espèces de céphalopodes, oursins, crustacés, bivalves et autres gastéropodes ; dont 85 000 espèces uniquement pour la famille des mollusques !

ANTHOLOGIE DES MOLLUSQUES ET DES CRUSTACÉS

Vu leur nombre impressionnant, à quoi bon tenter de les énumérer tous ? Pour notre plus grand bonheur, ceux qui se mangent sont déjà légion. Un tri s'impose donc mais nos « morceaux choisis » seront copieusement servis ! La preuve ? D'un point de vue orthodoxe, les Saint-Jacques, les ormeaux ou les homards par exemple, sans parler des poulpes, des calmars et des seiches, ne sont pas considérés comme des fruits de mer. Fallait-il pour autant exclure ces délices de notre grande table marine ? Jamais de la vie ! Nous les inviterons donc avec tous les égards qui leur sont dus et même, pour faire bonne mesure, nous adopterons aussi l'écrevisse, cette fée des eaux douces.

Au jeu des synonymes.

Il convient avant tout d'essayer d'y voir un peu clair dans tous ces trésors. Qui, en vacances, devant l'étal de l'écailler local, n'a jamais été perdu parmi une myriade d'appellations différentes, toutes plus hautes en couleur les unes que les autres ?

D'abord, qu'on se rassure : il y a quand même des célébrités, et non des moindres, qui se contentent d'être partout connues sous leur propre nom comme les huîtres, les langoustes ou les langoustines. Mais pour les autres, quel imbroglio ! Tandis que la petite coque compte déjà à elle seule des surnoms par treize à la douzaine, l'étrille, elle, n'aligne pas moins de dix-neuf noms de guerre ou d'emprunt. La solution pour se repérer au milieu de ces sobriquets en tous genres ? Un tableau des concordances régionales, alias le *Who's who* des fruits de mer.

LE WHO'S WHO DES FRUITS DE MER

AMANDE DE MER
ou Grande Praire,
Pétoncle large

ARAIGNÉE
ou Couturière,
Esquinadoun, Mousse,
Maïa, Plomb, Kinit,
Crabe de bas ou de
mai, Chèvre de mer
BIGORNEAU ou
Vigneau, Brelin noir,
Littorine, Chiperl,
Chiperne, Guigne
Éplisse, Pourpre,
Rocher épineux,
Troque
BULOT ou Escargot
de mer, Buccin,
Calicoco, Brigos,
Torion, Pilote,
Couteux, Burgau-
morchou, Goglu,
Torion, Berlot,
Quanteux,
Ran

CALMAR ou Calamar,
Encornet, Torpille,

Flèche, Chipiron,
Cigare
CLAM ou Palourde
américaine, Hard Clam
COQUE ou Croque,
Sourdon, Besourde,
Bourdo, Hénon, Vénus
poulette, Rigadot,
Rigadelle, Bigon,
Bigou, Courquille,
Maillot, Poraire
**COQUILLE SAINT-
JACQUES** ou
Gofiche, Grand
Peigne, Pèlerine,
Vanne, Grosille

COUTEAU ou Dilla,
Coutil, Manchot,
Rasoir, Solen,
Koutellec, Cutse,
Manche, Faux
CREVETTE GRISE
ou Boucaud, Crangon,
Buhotte, Chevrette,
Sauticot, Cardon,
Sauterelle de
sable, Bond,
Bouc,
Fouessen,
Sibadot

CREVETTE ROSE
ou Bouquet,
Caramote, Palémon,
Salicoque, Saltarelle,
Sauté, Ligouban
DONACE dite des
canards, Telline,
Tennouille, Olive,
Cébète, Flion, Pignon,
Trialle, Papillon,
Haricot de mer, Voile,
Velo, Lagagnon
ENRAGÉ ou Poulet
de mer, Chancre,
Combattant,
Courresse, Riverois,
Dada, Favouille,
Beillouk, Crang,
Sinagot, Saligot,
Crabouillard
ÉTRILLE ou Crabe à
laine, espagnol, de
velours ; Diable à
voile, Demoiselle,
Bernarderie, Ériphie,
Ballant, Battant,
Bataillé, Cerite,
Chèvre, Liret,
Laineux, Gavre,

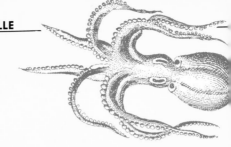

Gavrette, Angelette, Nageur, Coureur
HOMARD ou Criquet, Legrest, Ligoumbaou, Lamgaou, Larmoan, Cardinal des mers, Demoiselle de Cherbourg
JAMBONNEAU dit de mer ou hérissé, Pinne noble, Nacre, Cornet
LAVIGNON ou Scrobiculaire, Poivré, Palourde plate, Piperate
MOULE ou Blonde, Cayeux, Moucle, Mouscouline, Muscle

ORMEAU ou Haliotide, Abalone, Ormais, Ormier, Ourmet, Silien, Six-Yeux, Oreille de mer, de Madone, de Saint-Pierre, de Neptune

OURSIN ou Hérisson, Châtaigne, Souris de mer, Spatangue, Crayon, Diadème, Cœur, Casquette

PALOURDE ou Clovisse, Bourdigue, Claussisso, Croisée, Tapes croisé
PATELLE ou Bernique, Bernicle, Brennik, Chapeau chinois, Arapède, Flie, Lappe, Lespas, Benis, Bassin, Jambe, Lapa

PÉTONCLE ou Chlamys, Manteau varié, Peigne variable, Pétonge, Pisse-en-l'air, Vanette, Pitchinelle

POULPE ou Pieuvre, Eledone, Polpitos, Poulpican, Pourprillon
POUCE-PIEDS ou Anatife, Pied-de-biche
PRAIRE ou Coque rayée, Courtisane, Palourde sauvage, Rigadelle
SEICHE ou Margade, Margatte, Morgate, Léopard, Casseron, Sépiole, Sépia, Supion, Sibi, Sipa, Supi
TOURTEAU ou Dormeur, Endormi, Ciarlatan, Houvet, Poing-clos, Poupon, Crabe de lune
VANNEAU ou Olivette, Pageline, Pétoncle blanc
VÉNUS ou Mactre, Telline, Blanchet, Lutraire, Fausse Praire, Flie, Lacogne, Pied-de-sabot, Pied-de-couteau
VERNI ou Palourde rouge, Cythérée fauve, Fiat, Pelote
VIOLET ou Figue de mer, Biju, Bichut, Bitoche

Curriculum vitae.

Une fois digérés les sobriquets, pénétrons de plain-pied dans l'intimité des coquillages. Leur adresse par exemple. Elle dépend de leur mode de vie. Il y a : les « sédentaires » reliés à un point fixe par le byssus (moules) ou par la coquille même (huîtres) ; les « fouisseurs » planqués dans le sable (praires, coques, palourdes…) ; il y a aussi les « sans domicile fixe » qui rampent sur le sol avant de s'établir çà ou là au gré de leur fantaisie (bigorneaux…) et enfin les « sans attache » qui savent nager, qui vivent en toute liberté, refusant d'adhérer à quoi que ce soit (Saint-Jacques…). Pour mieux vous familiariser avec tous ces fruits de mer, voici un jeu de cartes d'identité grâce auquel vous saurez er un clin d'œil à qui vous avez affaire.

UN MONDE FOU, FOU, FOU

Si on vous invite à venir décortiquer le poupon, goûter la soupe du combattant ou la fricassée de pisse-en-l'air, ne prenez pas vos jambes à votre cou, ripostez à votre tour avec une coquille - party originale. Au menu : hérisson à la coque, brochette de grande peigne, chèvre mayonnaise, escalopes d'oreilles. Pour peu qu'à votre carte figure aussi une frisée de léopard aux torpilles, succès garanti !

L'HUÎTRE

<u>Aspect :</u> Tourmenté chez la creuse, dont la coquille affiche un penchant marqué pour la dissymétrie ; plus régulier chez la plate ; les tailles variables de l'une comme de l'autre ont donné lieu à une numérotation réglementaire (voir chapitre « Ouverture de la pêche »).

<u>Signes particuliers :</u> Le rapport de forces entre ces sœurs rivales a basculé avec le temps. Autrefois, la plate — la seule, l'authentique « indigène » de nos côtes — l'emportait haut la main… Aujourd'hui, on en mange dix fois moins que de l'autre.

Ce n'est pas qu'elle ait démérité mais ses gisements naturels se sont appauvris (exploitation forcenée, ou faut-il dire pillage ?) au fil des siècles, tandis que la creuse, moins rare et moins chère, voyait son étoile monter.

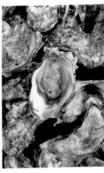

<u>Goût :</u> À tout seigneur, tout honneur : l'huître est le meilleur des mollusques, un point c'est tout. Avec une gamme de saveurs nuancées à l'infini selon celle que l'on choisit. En son nom, deux espèces se partagent le pouvoir : l'*Ostrea edulis* ou « plate », et la « creuse ». Chacune a ses héroïnes. Les stars plates brillent au firmament : belons, bouzigues, gravettes, et les hélas introuvables plates de Marennes… Les huîtres creuses — dites encore portugaises (*Crassostrea angulata*) bien qu'elles soient plutôt japonaises de nos jours (*Crassostrea gigas*) — possèdent aussi leurs vedettes : côtes bleues, normandes, bretonnes, fines de claires et spéciales de Marennes-Oléron…

GÉOGRAPHIE GOURMANDE

**Quelques localités particulièrement réputées :
les huîtres de Saint-Vaast-la-Hougue (Normandie) ; celles de Cancale, Morlaix… (Bretagne Nord) ; les plates du Morbihan, les belons (Bretagne Sud) ; les huîtres de Noirmoutier-en-l'Île (Centre-Ouest) et de l'île de Ré ; les célèbres marennes-oléron, les plates et creuses du bassin d'Arcachon ; les huîtres d'Aléria (Corse) ; celles du bassin de Thau (Sète, Port-Vendres) et de l'étang de Thau (Bouzigues)…**

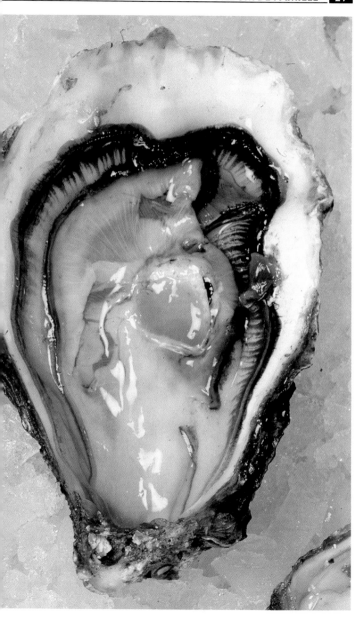

LA GRANDE FAMILLE DES MOULES

Aspect : De jolies coquilles lisses, noires ou bleu nuit, aux deux valves identiques, allongées et bombées. Signes particuliers : Les cils de leurs branchies battent l'eau de mer, assurant un courant continu de l'arrière à l'avant et filtrant ainsi plus d'une centaine de litres par jour...

Goût : Il dépend entièrement de la variété qu'on achète : de la petite *Mytilus edulis* de la Baltique, de la mer du Nord, de la Manche et de l'Atlantique à la plus large *gallo-provincialis* de Méditerranée, on rencontre quatre sortes de moules sur les marchés.

Les moules de bouchot.

Ce sont les plus connues ; leur appellation ne veut pas dire qu'elles sont une « race » à part mais désigne seulement la manière dont on les

Les moules de Bouzigues.

On les déguste l'été (elles prennent ainsi le relais des « hollandes ») et au goût, il s'agit incontestablement de la championne des moules toutes catégories ; les bouzigues doivent leur nom au village côtier de l'étang de Thau où leur élevage est intense. Ici comme en Méditerranée — là où il faut pallier les faibles marées —, on les cultive « en suspension » sur un système de cordes en nylon verticales.

Les moules d'Espagne.

Les plus grosses mais pas les moins bonnes ! Telles quelles, crues, elles ont lancé une grande offensive sur les plateaux de fruits de mer, au point de s'y être rendues indispensables.

cultive. Spécialité de la Manche et de l'Atlantique, les bouchots sont des alignements de grands pieux de chêne à moitié immergés servant de support aux bébés moules. À Boulogne-sur-Mer et au Croisic notamment, on pratique aussi la culture dite « à plat », le naissain étant alors étendu à même le sol (naissain est le nom qu'on donne en élevage à l'ensemble des larves des moules ou des huîtres non encore fixées (voir chapitre « Ouverture de la pêche »).

Les moules de Hollande.

Plus grandes que les bouchots (et moins savoureuses — quoique le mélange des deux améliore la recette des moules marinières), on les trouve dans le commerce jusqu'au mois de mai ; les « hollandes » profitent de l'élevage en eaux profondes spécifique à leur pays (avant l'Espagne, les Pays-Bas sont notre principal fournisseur de moules, notre propre production ne nous suffisant pas).

LE TRIO DES PEIGNES

La Saint-Jacques.

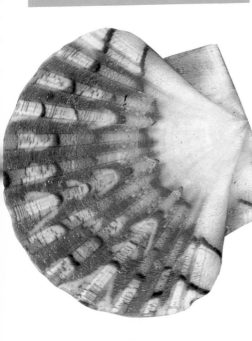

Taille : Splendide coquillage cannelé, presque demi-sphérique, d'une quinzaine de centimètres, à la valve inférieure creuse (contenant le corps) et au couvercle plat.

Aspect : Tout en nuances ; le bas va du blanc crème au rose fauve avec des taches brunes, et le haut de l'orange au roux en passant par le brun rougeâtre.

Adresse : Vagabonde librement au large, sur le sable, les fonds de coraux ou le gravier fin.

Signes particuliers :
Sait nager grâce à ses oreillettes ou ailerons qu'elle porte de chaque côté de sa charnière : c'est par là qu'elle expulse l'eau qu'elle aspire en s'ouvrant et avance donc par bonds, à petits jets…

Goût : On savoure et sa noix et son corail, lesquels se mangent cuits (quoique… voir chapitre « À table ouverte »). À ne pas confondre avec les préparations toutes faites (à base de quenelles, champignons…) qui osent porter son nom parce que présentées dans sa coquille.

Le pétoncle.

Taille : Petite coquille arrondie de 5 cm environ, aux deux valves striées d'une trentaine de petits plis rayonnants.

Aspect : Une mini-Saint-Jacques à coloration variable (en fonction de son habitat) : rouge, jaune, rose, violette, blanche, brune, orange…

Signes particuliers : Se déplace par petits bonds en claquant des valves.

Goût : Le pétoncle n'est pas la coquille Saint-Jacques du pauvre ! Il est aussi fin que sa grande sœur si ce n'est plus, c'est tout dire…

Le vanneau.

Taille : À mi-chemin entre la Saint-Jacques et le pétoncle.

Aspect : Teintes diverses, mais jamais foncées.

Signes particuliers : Comme la Saint-Jacques et le pétoncle, nage en toute liberté.

Goût : Comme les deux autres peignes, le vanneau se mange presque toujours cuit ; il a une chair délicate mais sans corail car seule sa noix est comestible ; malheureusement rare sur les marchés.

En dignes sœurs des coquilles Saint-Jacques, les plus petites pétoncles sont aussi bonnes à manger que belles à voir.

LES HABITUÉS DES PLATEAUX

L'amande de mer.

Taille : Solide coquille de 6 cm environ, légèrement duveteuse au toucher.
Aspect : Extérieur d'un joli rouge pâle rehaussé de dessins jaunes et bruns ; intérieur illuminé par la chair dorée de l'animal.
Signes particuliers : Vit couramment par 50 mètres de fond.
Goût : Il faut bien le dire… coriace crue, elle le reste cuite.

Le clam.

Taille : Ce « hard clam » des Américains est assez grand : 10 cm, épais et très lourd.
Aspect : Extérieur gris triste, légèrement strié ; intérieur lilas.
Origine : Importé en 1914 des États-Unis (où on le mange avec du ketchup !), s'est bien acclimaté sur l'Atlantique et en Bretagne.
Goût : Avis partagés : pour les uns, c'est un des tout meilleurs coquillages ; pour les autres, il est trop gros et âpre ; se mange cru avec beaucoup de citron (souvent « réparti » dans ses deux coquilles pour être plus facile à avaler).

Même si on n'en raffole pas vraiment, il ne faudrait pas oublier les amandes de mer sur un plateau, ne serait-ce que pour la touche de couleur lumineuse qu'elles savent apporter.

La coque.

Qui ne la connaît pas ? Rappelons que ce célèbre bivalve représente le plus fort tonnage de pêche après les huîtres et les moules.

<u>Taille</u> : Coquilles égales, robustes et rondes de 2 à 5 centimètres, striées de profondes nervures.

<u>Aspect</u> : Un petit cœur gris, blanc ou jaune, aux bords crénelés.

<u>Adresse</u> : Vit par bancs dans les terrains sablonneux recouverts à chaque marée ; pullule littéralement dans certains bons coins : plus de 200 au m² dans la baie du Mont-Saint-Michel !

<u>Signes particuliers</u> : Se déplace d'avant en arrière par mouvements de bascule, peut s'enfouir très rapidement.

<u>Goût</u> : Un délice particulièrement iodé. Le sourdon et surtout la bucarde à papilles sont plus grands ; la dosinie, à peu près de même taille mais plus plate, parsemée de lignes ou taches rougeâtres, est quelquefois vendue sous le nom de « mounchon » ou « coque plate » : aucune ne vaut la simple petite coque.

La palourde.

<u>Taille</u> : 4 à 5 cm, lisse, ovale, aplatie et joliment quadrillée.

<u>Aspect</u> : Couleur très variable (sa teinte dépend du milieu ambiant) : du blanc au noir en passant par le gris, le jaune et le fauve, mais toujours tachetée.

<u>Signes particuliers</u> : Coquillage fouisseur, elle dispose de deux siphons respiratoires — assurant la circulation de l'eau de mer, l'un inhalant, l'autre exhalant — qui trahissent sa cachette (voir chapitre « Ouverture de la pêche »).

<u>Goût</u> : Un des meilleurs mollusques, à la saveur particulièrement subtile et fruitée. La délicieuse clovisse du Midi (dite « palourde jaune » à cause de son intérieur doré) est plus petite et claire, ornée d'étroits V bruns. La palourde rose des Glénans est aussi réputée.

La praire.

<u>Taille</u> : Robuste
bivalve arrondi, lourd
et bombé, de 3 à 7 cm.
La « praire » ou
« vénus poulette » de
Méditerranée (qu'on
trouve souvent sur les
marchés) est plus
petite : 2 à 3 cm.
<u>Aspect</u> : Jolie coquille
claire, généralement
blanche ; décorée de
nombreuses crêtes
concentriques très
nettes.
<u>Signes particuliers</u> :
Ses rayures sont si
marquées qu'elles lui
ont injustement valu
son nom latin
verrucosa = vénus « à
verrues » ! La praire
du Midi qui en est
dépourvue s'appelle du
coup « courtisane ».
<u>Goût</u> : N'en déplaise à
certains (qui lui
inventent Dieu sait
quel goût de fer-
blanc !), c'est
incontestablement une
des reines de la table, à
la saveur à la fois
fruitée et iodée.

LE BANC DES MARGINAUX

Le jambonneau.

Taille : C'est le géant des coquillages européens : un long triangle de 15 à 37 cm (sous d'autres latitudes, il peut mesurer 80 cm !).
Aspect : Un gros éventail couvert d'écailles ; extérieur brun-rouge à vert, extrémités et intérieur nacrés.
Adresse : La Méditerranée (s'y fait rare en raison d'une pêche trop intensive) ; se plante à la verticale dans le sable ou le gravier.
Signes particuliers : On peut tisser son étrange byssus : c'est la fameuse « soie des mers » (voir chapitre « Chasse aux trésors ») ; à l'instar de l'huître et de la moule, il sait aussi fabriquer des perles.
Goût : Un peu rude mais convaincant grillé au four, que ce soit en persillade ou dans une huile d'olive aromatisée aux herbes.

L'ormeau.

Taille : Le corps de ce gastéropode n'est qu'un pied musclé large de 8 à 13 cm (là encore, il atteint le double dans les mers chaudes !).
Aspect : Célèbre coquillage au dehors calcaire mais à l'intérieur superbement nacré ; sa coquille unique est percée de six ou sept trous.
Signes particuliers : Ormeaux et abalones ne font qu'un : c'est sous ce dernier nom que les Américains les consomment comme « steaks de mer » et que les honorables épiceries exotiques les vendent en boîte (Japonais et Chinois en raffolent).
Goût : Trop gros et ferme pour être bon cru, l'ormeau se mange surtout cuisiné aux petits oignons, et s'il vit comme les patelles, il est cent fois meilleur (sa saveur le rapprocherait plutôt du veau). Celui du Midi, plus petit et familièrement baptisé « oreille d'âne », est peut-être le plus fin.

L'oursin.

Contrairement à une idée répandue, il n'est pas exclusivement méditerranéen, on le pêche aussi couramment en Bretagne ; en fait, on en trouve deux catégories bien distinctes sur nos côtes : l'oursin à corps rond, gros comme une

orange, est sombre : vert ou violet, et pourvu de longs piquants ;
l'oursin conique, dont la taille atteint celle d'un pamplemousse, est de couleur claire teintée de violet ; ses piquants sont courts.

Aspect : Celui d'un échinoderme (de ekhinos « oursin » et derme) : globe hérissé de centaines de piquants, bardé de pieds en ventouse.

Adresse : Vit en colonies sur les fonds sableux et rocheux, en bord de côte comme au large ; on peut le draguer au chalut comme on peut aussi le pêcher à coups de trident !

Signes particuliers : Abonné au chiffre 5 : mange avec sa « lanterne d'Aristote » : nom de sa bouche armée des cinq dents blanchâtres qui lui servent à brouter les algues ;
sa forêt de piquants recouvre une carapace calcaire formée de cinq zones percées de petits trous rangés en étoile (c'est par eux que sortent les pieds en ventouse qui lui permettent de se déplacer en adhérant aux rochers) ;
est doté de cinq glandes génitales disposées elles aussi en étoile (ces « langues orangées » ou « corail » sont notre régal).

Goût : Le nec plus ultra, le sommet absolu pour certains… On peut le cuisiner mais c'est au naturel qu'il reste le meilleur.

Le violet.

Taille : De 5 à 12 cm, les meilleurs étant les plus petits.

Aspect : Franchement affreux ; sale, bosselé, racorni, on dirait une vieille figue violacée, parsemée d'algues et de petits coquillages. Mais si sa face externe ne paie pas de mine (c'est le moins que l'on puisse dire), son intérieur est plus décent : jaune d'œuf mollet sur fond blanc.

Signes particuliers : Ce fruit de mer (de toutes les mers, bien qu'il ne soit apprécié à sa juste valeur qu'en Méditerranée) est un « tunicier » : son corps est entouré d'une tunique molle en forme d'outre.

Goût : Discutable et discuté, en tout cas incomparable. Le violet est bien le moins conventionnel des fruits de mer !

Particulièrement iodé, et acide aussi, il fait les délices des amateurs de sensations fortes ; il ne se mange que cru et littéralement « sur le pouce » (c'est du moins ainsi que l'avalent les grands amateurs : avec les doigts).

QUID DES ESCARGOTS DE MER

Il en est d'innombrables ; gastronomiquement, deux sont à la mode et le méritent amplement : le bigorneau et le bulot.

Le bigorneau.

Taille : Plus haut (2 ou 3 cm) que large, vit dans une solide pièce unique décorée de spirales.

Aspect : Coquille opaque brun-noir virant au gris foncé hors de l'eau ; attaché à son opercule : sa petite « porte » ronde.

Adresse : Sur tout le littoral (pierres, rochers… Voir chapitre « Ouverture de la pêche »), comme son pseudonyme de « littorine » le laisse deviner.

Signes particuliers : À marée basse, s'ancre dans le coin où il est venu en rampant, ferme bien sa porte et attend que l'eau remonte pour repartir brouter des algues.

Goût : Très fin ; parfait à l'apéritif, indispensable à tout plateau qui se respecte. Attention : ne se mange que cuit !

Le bulot.

Taille : Communément 6 cm, mais peut atteindre le double.

Aspect : Large coquille ventrue et pointue à la fois, ornée de plis obliques, variant entre gris cendré, jaune-roux et vert bouteille.

Signes particuliers : Très carnivore, se régale d'huîtres et de moules, dont il sait parfaitement perforer les coquilles ! Juste retour des choses, est très apprécié des morues et sert d'appât pour la pêche.

Goût : Particulièrement bon (et prisé des Anglais), se mange comme le bigorneau (mayonnaise en plus) et connaît une vogue croissante tant à l'apéritif que sur les plateaux. Accompagne souvent l'aïoli marseillais.

LES PETITS, LES OBSCURS, LES SANS-GRADE...

...mais qui ne sont pas forcément les moins bons, témoins les couteaux et les dattes.

Le couteau.

<u>Taille</u> : Droit ou courbe, est long de 10 à 15 cm pour 2 cm de large.
<u>Aspect</u> : Celui que son nom indique ; un étui ouvert aux deux bouts à l'intérieur blanc et à la coquille blanc-vert rayée de noir.
<u>Signes particuliers</u> : Se déplace en allongeant son pied grâce auquel il s'enfonce verticalement dans le sable (voir chapitre « Ouverture de la pêche »).
<u>Goût</u> : Quelconque cru, succulent cuit.

La donace.

<u>Taille</u> : Un petit triangle aplati d'environ 3 ou 4 cm.

<u>Aspect</u> : Lisse et brillant, à bords crénelés, allant du blanc-jaune au rose, à l'orangé et au violet.
<u>Goût</u> : Assez fin et plutôt sucré, rappelant un peu celui de la clovisse.
Sous l'appellation de « telline », la donace figure en bonne place sur les marchés des côtes du Languedoc et du Roussillon.

Le lavignon.

<u>Taille</u> : Petit fouisseur ovale de 3 à 6 cm, plutôt friable.
<u>Aspect</u> : Valves minces finement striées dans le sens de la longueur, de jaune pâle à gris-blanc.
<u>Signes particuliers</u> : Très extensibles, ses siphons peuvent atteindre six fois la taille de sa coquille !
<u>Goût</u> : Intéressant, plutôt poivré, mais moins bon que la palourde.

La vénus.

Taille : Coquille ovale d'un diamètre de 6 cm au mieux.
Aspect : Joli ; extérieur clair et lisse, intérieur blanc ou mauve.
Goût : Pas extraordinaire, nettement moins fin que celui de la palourde.
Le « lacogne » ou « pied-de-sabot » du Midi est plus grand, plus rond et coloré, mais guère meilleur.

Le verni.

Taille : Assez grand bivalve poli, lisse, brillant, de 7 cm environ.
Aspect : Superbe ; cette « cythérée fauve » rappelle un peu la couleur de la porcelaine ; extérieur fauve acajou et naturellement verni.
Goût : Plutôt bon, surtout cuisiné, mais chair malheureusement trop dure. Le verni est aussi bien vendu sur les côtes du Roussillon qu'en Bretagne.

La patelle.

Taille : Petit cône évasé mesurant environ 5 cm de base (le triple au Mexique !).
Aspect : Un « chapeau chinois » brun verdâtre et tout strié ; celui de Méditerranée est moins haut de forme.
Adresse : Abonde sur les rochers du littoral où elle adhère de pied ferme (il fait ventouse) ; à marée haute, se promène librement dans l'eau en quête de sa pitance ; à marée basse, se plaque contre sa roche pour résister à l'asphyxie en l'absence d'eau de mer (voir chapitre « Ouverture de la pêche »).
Signes particuliers : Après une virée nocturne pour se nourrir (elle broute le plancton de sa longue langue armée de dents crochues), revient se recoller à la même place !
Goût : Avis très partagés ; chair coriace mais pleine de saveur.

LES CLAQUES

Spécialité de
l'Aquitaine, ces
coquillages sont
aussi bons à manger
que curieux à voir :
longue d'une dizaine
de centimètres à
peine, leur coquille
blanc crème bâille
sur le côté et laisse
sortir un long pied
enrobé de noir. Cette
manifestation de
fraîcheur ne rend pas
les claques très
alléchants, mais il
faut passer outre et
peler leur drôle de
pied : l'intérieur est
aussi tendre que
savoureux.

UNE CURIOSITÉ :
LES PERCEUSES AUTOMATIQUES !

La pholade : cette
« bonne sœur » —
alias « aile d'ange »
car d'un blanc
immaculé — est
phosphorescente la
nuit et vit dans un
trou de roche qu'elle
a réussi à percer en
s'y enfonçant
comme une vrille.
La datte de mer :
(elle en a la couleur
et la forme allongée
et cylindrique)
habite également à
l'intérieur des
pierres ; c'est elle la
vandale qui a
perforé les colonnes
du temple de Sérapis
à Pouzzoles !
Si vous avez la
chance d'en trouver
au marché — ou si
vous parvenez à les
extirper de leur abri
(il n'y a guère
d'autre moyen que
de casser un
morceau de roche) —
vous pouvez les
manger grillées ou
encore avec un
vinaigre à
l'échalote. Les
dattes surtout
constituent un régal
de tout premier
choix.

UNE RENCONTRE AU SOMMET

Le homard.

<u>Taille</u> : 30 cm de long plus les pinces, mais il peut dépasser 50 cm (s'il atteint les 60 cm, dites-vous qu'il est presque centenaire !).

<u>Aspect</u> : Possède deux grosses pinces inégales : un « ciseau » coupant et un « broyeur » massif.

<u>Signes particuliers</u> : Préfère marcher sur ses dix pattes alors qu'il sait nager… à reculons. Par ailleurs, affreusement cannibale : les homards passent leur temps à se dévorer entre eux, ce qui explique qu'on les trouve souvent incomplets… et que les poissonniers et restaurateurs entourent leurs pinces d'un élastique.

<u>Goût</u> : Encore meilleur que la langouste ?

La langouste.

Taille : Généralement une trentaine de centimètres, à quoi s'ajoutent deux très longues antennes épineuses.

Signes particuliers : Ne possède pas de pinces mais ses antennes hérissées de piquants fouettent déjà très bien ses ennemis…

Goût : Encore meilleure que le homard ?

HOMARDS OU LANGOUSTES ?

Dans leur petite guerre de sécession, disons pour schématiser que le homard est nordiste et la langouste sudiste. En tout cas, elle n'est pas sa femelle, comme on le croit parfois ! La France est l'un des rares pays à afficher sa préférence pour la fille du Sud. Mais même chez nous, la dissidence règne, les Bretons (à l'instar des Grands-Bretons d'ailleurs) penchant pour le homard chéri des eaux froides. Au Top-50 des homards ? Sans conteste les européens pêchés dans la mer du Nord ou la Manche (la petite « Demoiselle de Cherbourg » est irrésistible). Quant aux langoustes : même européanisme, la rouge « royale » trônant sans partage devant la brun-vert et la rose.

LE COMBAT DES (SOUS-) CHEFS

La langoustine.

Fiez-vous à ses pinces plutôt qu'à son nom : ce n'est pas un bébé langouste mais plutôt une sorte de mini-homard.
Taille : Couramment 13 cm et maximum 20 cm (toujours sans les pinces).
Aspect : Rose pâle vivante, et d'un joli orangé cuite.
Goût : Un des meilleurs crustacés si la fraîcheur est au rendez-vous.

Les grosses crevettes.

On en trouve à présent partout de toutes sortes et de toutes origines : il y a les jolies crevettes orange du Kenya, les célèbres scampi italiennes, les fameuses gambas espagnoles, les énormes camarones mexicaines... les pays étant ici donnés sous réserve, car tous ces fruits de mer ne sont guère regardants en matière de nationalité : en fait de Mexique, les camarones viennent souvent du Kenya, et les gambas du Mozambique...

SURPRISES

L'été, le rayon crustacés de votre poissonnier peut vous réserver aussi des surprises :

à mi-chemin entre la langoustine et l'écrevisse, les mignonnes cigales de mer provençales

et les piquantes galathées ne manquent pas d'attraits.

L'écrevisse.

On ne présente plus ce rougissime crustacé d'eau douce (au corps plus court, plus ramassé que celui de la langoustine) dont nos rivières regorgeaient il y a peu encore. Imagine-t-on qu'au siècle dernier des ouvriers agricoles plantèrent là leur travail à la ferme parce qu'on leur en servait trois fois par semaine au menu ! Les temps ont bien changé, hélas, et on ne pêche plus un cent d'écrevisses à l'heure. Alors on en importe des congelées (turque, espagnole, américaine) qui ne valent pas, et de loin, nos regrettées indigènes.

DUEL SUR CANAPÉS

Il y a belle lurette que la crevette grise et la crevette rose rivalisent d'attraits pour conquérir le marché de nos entrées et de nos apéritifs. Mises en balance, les premières ont pour elles leur prix modique et leur fraîcheur (on les vend souvent vivantes au marché) tandis que les « bouquets » offrent, eux, couleur appétissante, belle taille et saveur supérieure. Avantage aux roses ? Pas sûr : avez-vous essayé de frire les grises au lieu de les bouillir ? C'est très différent, et assez enthousiasmant !

Crevette rose. ▲

Vivante : blanc
transparent
environ 10 cm
rostre entre les yeux
les milieux rocheux
vendue fraîche ou
congelée
peut aussi être grillée.

Crevette grise. ▼

Vivante : vert très clair
4 à 6 cm
pas de rostre
les milieux sableux
vendue vivante ou
bouillie
peut aussi être frite.

Un mini-outsider
français : l'esquire,
toute petite crevette
blanche au goût
délicat et anisé
qu'on pêche dans la
Gironde.

LA BANDE DES QUATRE CRABES

Elle compte dans ses rangs un crabe vert et trois « cerises » (ainsi dits car ils virent au rouge à la cuisson). Passons sur le premier, cet « enragé » gros comme un poing, commun sur toutes les plages, dont le goût est pauvre (il est davantage à sa place dans une soupe que sur votre assiette), et venons-en aux plats de résistance :

Le tourteau.

Taille : Le plus gros des crabes de nos côtes : de 20 à 30 cm, et le plus lourd : poids montant jusqu'à 5 kg.
Aspect : Large carapace ovale de couleur acajou sur le dessus, beige clair en dessous ; l'extrémité de ses pinces est noire et festonnée ; le dos est dénué des aspérités de l'araignée et des poils de l'étrille.
Goût : Le tourteau passe pour être le roi des « cerises » ; pour son goût et sa qualité, élisez la reine, reconnaissable à son abdomen moins pointu, plus arrondi que celui du mâle.

L'araignée de mer.

Taille : Corps rarement énorme (20 cm), si l'on ne tient pas compte de l'effrayante envergure des pattes.
Aspect : Hirsute, celui d'une araignée bien évidemment, à cause

de la maigreur de ses pattes effilées et poilues ; sa couleur est rouge brique, son corps ovoïde hérissé de piquants.

Goût : Avis divisés : supérieure au tourteau pour certains, trop forte et bien moins bonne pour d'autres. Ce qui est sûr, c'est que les « araignées mousse » (aussi dites

« moussettes » parce qu'elles ont le dos de la carapace couvert d'algues) sont les meilleures : choisissez là aussi les femelles, plus petites et souvent plus fraîches que les mâles (elles résistent mieux qu'eux hors de l'eau).

L'étrille.

Taille : Moins de 10 cm (rattrapez-vous sur le nombre).
Aspect : Dos duveteux ; pinces ornées de petites dents ; ses deux pattes

postérieures sont un peu velues et surtout en forme de rame (elles lui servent d'ailleurs à nager) ; couleur de varech ou de goémon avec des reflets verts, bleus ou violets.
Goût : Extraordinaire ; même si les étrilles restent souvent méconnues (leur petit gabarit les dévalorise à tort, comme si c'était « compliqué à manger »), elles sont sans doute le meilleur des crabes.

Recherche anatife désespérément.

Mieux connu sous le nom de pouce-pieds ; notoirement affilié à la bande des cirripèdes, ces crustacés à antennes qui vivent en parasites dans la coquille des mollusques…
Portrait-robot : Une gangue de cinq

coquilles en forme de griffes d'où émerge un pied blanc cassé, le tout de la grosseur d'un doigt.
Adresse : S'attache souvent aux objets

flottants (coques de navires, épaves…).
Signes particuliers : On croyait autrefois que les canards sauvages naissaient des coquilles des pouce-pieds (d'où anatifes : porteurs de canards en latin)…
Goût : La chair de l'intérieur du pied est on ne peut plus fine et exquise ; à connaître absolument, même si c'est le fruit de mer le plus cher du marché.

OUVERTURE DE LA PÊCHE

DES PROMENADES TONIQUES ET FRUCTUEUSES.

*F*ouillez le sable, sondez les flaques, inspectez les rochers ! À l'épuisette ou à la fourchette, au sel fin ou au tournevis, à la baleine de parapluie ou au rayon de bicyclette… le fruit de mer ne s'offre pas : il faut le traquer, le conquérir, le mériter.

FRUITS DE MER ET COMMERCE

AU HIT-PARADE

1ʳᵉ : St-Jacques	9,90
2ᵉ : seiche	9,10
3ᵉ ex æquo : langoustine et tourteau	8,50
5ᵉ : coque	5,10
6ᵉ : araignée	3,10
7ᵉ : calmar	3,70
8ᵉ : praire	2,00
9ᵉ : crevette	1,26
10ᵉ : palourde	1,20
11ᵉ : langouste	0,75
12ᵉ ex æquo : amande, étrille, poulpe	0,70
15ᵉ : pétoncle	0,65
16ᵉ : oursin	0,50
17ᵉ : homard	0,25

La production mondiale est considérable (chiffres de 1984) :

■ plus de 6 102 milliers de tonnes de mollusques (les céphalopodes coiffant au poteau les clams et les coques) !

■ plus de 3 419 milliers de tonnes de crustacés (les crevettes arrivant largement en tête devant les crabes) !

■ plus de 4 000 tonnes de conserves de crustacés et mollusques !

■ plus de 1 000 millions de francs de chiffre d'affaires...

Avec ses plus de 4 000 kilomètres de côtes et les quatre mers qui la baignent (mer du Nord, Manche, Atlantique et Méditerranée), la France se devait d'avoir une production nationale impressionnante (chiffres de 1985) : mollusques : 38,8 MT ; crustacés : 24,3 MT ; céphalopodes : 13,9 MT. À quoi viennent s'ajouter les résultats de l'aquaculture française — élevage des huîtres, moules... dans des « fermes marines » — mais cela est une autre histoire (lire plus loin). Dans l'immédiat, face aux exploits techniques et aux moyens des professionnels, la providence du pêcheur amateur, c'est encore la plage.

En plus de son aspect sportif et tonique, ce loisir de plein air vous réservera bien des surprises agréables et des délices par centaines !

LA PÊCHE À PIED

*L*a mer s'en est allée, le sable ruisselle à perte de vue… c'est le moment et l'endroit ! Là, à quelques centimètres sous vos pieds, vivent les coquillages fouisseurs.

D'abord, chaussez-vous solidement (c'est agréable de marcher pieds nus sur le sable mais moins sur les rochers à moules, et outre les piqûres de vives, vous pouvez vous tordre la cheville sur une algue glissante et l'eau peut vous sembler froide à la longue) : une paire de bottes à semelles antidérapantes est donc on ne peut plus indiqué — de même que les gants en caoutchouc que vous penserez à emporter pour ne pas vous entailler les doigts sur des pierres coupantes ou des coquillages résistants, prenez aussi un ciré ou un imperméable au cas où il se mettrait à pleuvoir, et une casquette (aussi bien pour les coups de vent que pour le grand soleil). En ce qui concerne l'attirail proprement dit, il vous faut

avant tout une pelle, un filet, un bon couteau, et d'autres instruments moins évidents mais tout aussi utiles : tournevis, fourchette, cuiller… Surtout n'oubliez pas d'emporter non pas un mais au moins deux seaux (des grands : pensez aux crabes et aux bonds des crevettes) : ne mettez pas dans le même des espèces qui risquent de se massacrer en cours de route et ne sous-estimez pas non plus le nombre de vos prises, vous regretteriez de devoir les abandonner. Attention aux trop jeunes enfants : enthousiastes au début, ils se lassent vite et risquent fort de devenir une charge plus qu'une aide… Le matériel photo est aussi un handicap : ou on pêche ou on photographie mais vouloir faire les deux en même temps ne donne pas de très bons résultats. Enfin, en prévision de la pause, glissez un citron dans votre poche : sans lui, le charme d'un festin de moules en pleine nature n'est pas complet.

Ce qu'il faut savoir.

Si la mer vous offre gratuitement ses trésors, veillez en retour à respecter ces consignes de simple bon sens : Remettez dans leur position initiale les roches que vous aurez retournées pour y chercher des crabes : dessous vivent une faune et une flore minuscules qui ne survivraient pas hors de leur

Ne partez jamais à la pêche aux fruits de mer dans des endroits isolés sans avoir consulté les horaires des marées.

élément, sous le feu du soleil…
Qui dit pêche ne dit pas pillage : n'opérez donc pas de razzias sur les plages comme certains « ratisseurs » peu scrupuleux ; bien des espèces sont en voie d'extinction…

TAILLES MINIMALES DE PÊCHE AUTORISÉES
(dites aussi tailles marchandes)
2,5 cm : coque, clovisse
3 cm : praire, crevette
3,5 cm : palourde, pétoncle
4 cm : moule
4,5 cm : clam, claque
5 cm : huître plate, crabe cerise
6 cm : huître creuse
7 cm : tourteau
8 cm : ormeau
9 cm : Saint-Jacques
20 cm : langouste
23 cm : homard.

Évitez de vous en prendre aux coquillages trop petits ; laissez-leur plutôt le temps de grandir et de se reproduire…
Attention : ces chiffres sont sujets à modification avec le temps et d'une région à l'autre ; la réglementation autorise par exemple en Méditerranée la pêche de langoustes et de homards un peu plus petits… Le service des Affaires maritimes du port de vos vacances a toute compétence pour satisfaire votre curiosité, et il saura aussi vous signaler éventuellement les coins pollués où ne pas ramasser de fruits de mer.

N'oubliez jamais que la mer remonte très vite… Ne vous laissez donc pas surprendre, surtout si vous êtes accompagné de jeunes enfants (qui marchent moins vite). Procurez-vous un horaire des marées, publié dans les journaux locaux ou fourni au Syndicat d'initiative et chez certains commerçants.

Les huîtres évadées !

L'idéal serait évidemment de rapporter des huîtres par treize à la douzaine, mais ne rêvons pas : elles sont à l'abri dans des parcs privés. Reste par bonheur la chance de découvrir un pied-de-cheval. Sous ce nom cavalier se cache une huître échappée très jeune de

UN RARE DÉLICE

Bien évidemment trop gros pour être gobés entiers (un seul pied-de-cheval équivaut à une douzaine d'huîtres normales), on peut toujours les déguster coupés en petits dés, avec du vinaigre à l'échalote. Mais le mieux, et de beaucoup, c'est de manger le pied-de-cheval chaud et cuisiné. Une fois ouvert et poché 2 mn dans son eau (additionnée d'un rien de vin blanc sec), replacez-le dans sa coquille creuse en compagnie de la farce suivante bien malaxée :
1 cuil. à soupe de chair à saucisse, un tout petit peu de mie de pain, 1 échalote, 1 gousse d'ail, 1/2 jaune d'œuf, du sel, du poivre et un nuage de chapelure. Dorez le tout 7 mn à four chaud.

son parc grâce à la complicité des courants ; menant depuis toujours une vie indépendante, elle a pu atteindre une grande taille et un bel âge (jusqu'à 15 cm... pour 1 kg et 30 ans !). Très solidement fixé à son rocher, souvent masqué par des algues, le pied-de-cheval présente la forme caractéristique de sabot que son nom indique. Sitôt repéré, décollez-le avec un couteau ou un tournevis.

À la pêche aux moules.

La moule sauvage, à la coquille joliment bleutée, est plus petite que ses sœurs vendues sur les marchés ; sa chair est ferme mais savoureuse.
Donc, régal assuré pour peu que l'on suive ces trois recommandations :
— Fuir comme la peste celles qui ont élu domicile sur des rochers proches des ports ou, pire, des sorties d'égouts (pour se nourrir, elles filtrent dans des proportions énormes l'eau de mer où elles baignent, même sale et polluée)...
— Éviter les moules fixées sur des métaux (elles ont la déplorable habitude de prendre le goût de leur support)...
— Se garder de celles qu'on trouve esseulées sur les plages (elles sont fades quand elles ne sont pas en mauvaise santé)...

Optez donc pour les moules habitant les rochers recouverts à chaque marée, tout en sachant que celles qui mènent une vie calme à l'abri des vagues déchaînées seront plus grasses et surtout moins coriaces. Choisissez pour les cueillir le moment où la mer vient à peine de se retirer. Détachez-les à la main (en les tournant sur elles-mêmes jusqu'à ce que le byssus craque) ou bien à la fourchette (en la glissant par-dessous et en faisant levier).

*L*e long des côtes, on rencontre des champs de moules sauvages, fixées en paquets aux rochers par leur byssus, ces filaments que sécrète leur pied.

Des chapeaux chinois à ne pas prendre avec des baguettes...

Les patelles vivent elles aussi sur les roches ; plus elles sont proches de la mer, meilleures elles sont. Souvent cachées par le varech, il faut les décoller au couteau (ou d'un coup de botte) mais toujours par surprise car un essai raté les mettra sur leurs gardes... Le jeu n'en vaut pas la chandelle ? Quelle erreur ! Les patelles crues sont effectivement coriaces mais grillées, c'est un régal. Profitez-en : c'est le type même de coquillages qu'on ne trouve pas dans le commerce — on se demande bien pourquoi ! Il vous suffit d'aplatir le haut du chapeau pour qu'il tienne debout à l'envers, de l'assaisonner (un peu de sel, plus de poivre) et de le poser directement sous le gril de votre four. Vous pouvez aussi les faire cuire quelques minutes dans de l'eau de mer, les nettoyer (ôter le noir), puis les hacher menu avec de la mie de pain, enfin les recoquiller nappées d'un bon beurre d'escargot relevé. Un passage au four, et c'est fameux !

Gardez-vous des coquillages posés à même le sable ; qu'ils soient morts ou mal en point, ne les consommez jamais.

Des patelles, telles qu'on les découvre par centaines à marée basse sur les rochers battus par les flots.

Coques, praires et palourdes.

Ici, plus besoin de rochers, place au ramassage sur grèves. Armez-vous d'une pelle (même d'une pelle de plage pour enfant, mais toujours en fer, pas en plastique) et attaquez environ une heure avant la marée basse. Les coques sont les premières victimes des « ratisseurs » de grèves. Dédaignez les espèces voisines : plate, rouge, épineuse... pour vous consacrer à la meilleure : la petite « rigadot » du marché. Enfouie à faible profondeur, elle vous révèle sa cachette par deux petits trous ronds imprimés à la surface du sol et qui lui permettent de respirer. Vérification : tapez fort du pied sur le sable mouillé et le minuscule jet d'eau qui en jaillira confirmera sa présence. Moins communes, les palourdes et les praires laissent aussi au-dessus d'elles de ces traces jumelles qui les

**GARE
AUX FAUX AMIS**

Parmi tous les bigorneaux, qu'on rencontre - perceurs, blancs, épineux, à pourpre... -, deux seulement sont bons à manger : le gris (dit « troque » ou « guignette ») et surtout le « vigneau » noir des marchés : photographiez-le bien dans votre tête avant de partir à sa recherche (mieux : emportez-en un dans

votre poche pour être sûr de ne pas vous tromper). Ainsi, vous ne vous laisserez pas abuser par le petit « bigorneau des Parisiens », comme le surnomment les pêcheurs railleurs de touristes, et vous réserverez sagement à vos colliers les « bigorneaux décoratifs » multicolores.

Ces petits trous vous livrent la cachette de coquillages bien vivants (puisqu'ils respirent par ces orifices), partez à leur recherche sitôt la mer retirée, sinon le vent aura tôt fait de brouiller les pistes.

trahissent. Quelques petits centimètres à gratter et vous dénicherez la palourde blanche (la noire est enfoncée davantage) ; quant aux praires, elles se trouvent généralement au plus bas de la plage.

La pêche à couteaux tirés.

C'est leur pied dilatable qui permet aux couteaux leurs promenades en sous-sol… Ils se tiennent fichés à la verticale dans le sable par 50 cm de fond, tout en bas de la plage. Une fois repérés par les deux trous en forme de serrure (ou d'entonnoir comme on voudra) qui les dénoncent, vous avez le choix entre la force ou la ruse :

■ La pêche à la baleine de parapluie (un rayon de bicyclette fait aussi bien l'affaire) : le bout étant recourbé à angle droit, on enfonce cette tige-crochet à côté de la double trace ; dès qu'on sent une résistance, on la fait pivoter et normalement on remonte le couteau à la surface — en l'endommageant au passage, hélas…

■ La pêche au sel est plus évoluée : on en saupoudre les trous du couteau pour lui faire croire que la mer est revenue ; abusé, il se manifeste par un petit nuage et remonte ! Il ne reste qu'à le cueillir… du premier coup, car sinon il replonge et, salière ou pas, il ne retombera pas dans le piège !

LA SOUPE D'ENRAGÉS

Si vous en avez ramassé un bon kilo sur la plage, faites-les cuire 5 mn dans un court-bouillon épicé, puis passez au mixer les parties comestibles (plus le dos de la carapace). Confectionnez un roux blanc et jetez-y la purée de crabes obtenue. Ajoutez la moitié du bouillon de cuisson et portez à ébullition. Retirez le potage du feu, mélangez-le avec deux jaunes d'œufs battus ; servez bien chaud avec des croûtons frits et aillés.

Suivez le crabe.

Étrilles ou enragés, dénichez-les grâce à l'art du « vire-cailloux » : suivez de près la mer quand elle se retire (beaucoup de crustacés abandonnent leur demeure pour opérer eux aussi une petite descente), retournez les grosses pierres qui se trouvent dans les courants d'eau… sans oublier que l'étrille n'est pas surnommée pour rien crabe « battant ». Elle pince et court vite ! C'est pourquoi il vaut mieux être deux : un pour soulever la pierre, un pour devancer la fuyarde et lui barrer le chemin avec un « bouquetout »

(épuisette). Attrapez-la comme l'enragé : par l'arrière de sa carapace. De beaux paniers de crabes en perspective.

À la pêche aux escalopes.

Hélas en voie de disparition, les ormeaux résident en temps normal sous les pierres et sur les rochers battus par les flots. Attendez les grandes marées pour commencer, descendez le plus loin possible, n'hésitez pas à entrer dans l'eau jusqu'à la taille, et puis armez-vous de patience, d'un bon couteau et aiguisez vos muscles : la puissance d'adhésion de ce steak de mer à son rocher est sidérante. Bredouilles ? Achetez une boîte d'abalones : c'est (presque) aussi bon et de l'ormeau 100 % garanti.

Pour taquiner la crevette.

C'est un haveneau (filet à poche au bout d'un manche, également baptisé « bichette ») qu'il vous faut : rond pour les crevettes roses et carré pour les grises. Vous les trouverez l'un et l'autre dans tout bon bazar de plage qui se respecte ; ledit « carré » est en fait en demi-cercle mais ce qui compte c'est la taille des mailles (réglementaire) qui laisse aux plus petites proies la chance de s'échapper. Les crevettes grises se

pêchent dans les herbiers et sur le sable, les crevettes roses dans les roches, toutes les deux à marée basse. Entrez dans l'eau avec votre épuisette adéquate et poussez-la sans brusquerie devant vous, sous les algues ou en raclant les rochers toujours parallèlement à la mer. Remontez-la au bout d'une minute de ce mouvement lent et continu et à vous ces frétillantes délices !

UN RODÉO MARIN

Au Cameroun, les enfants ont une manière bien à eux de pêcher la crevette : ils cueillent de longues herbes sur les rives, les tressent en lasso et capturent ainsi leurs victimes, d'un geste sec et précis.

Pour répondre à une demande énorme, croissante, en fruits de mer, pour repeupler les espèces qui se raréfient aussi, on pratique dans des fermes marines l'élevage des huîtres, des moules, des palourdes, des ormeaux…

Les crustacés ne sont pas en reste puisque les Américains sont passés maîtres dans l'art d'élever les homards, et les oursins suivent à présent le même chemin : dans les Côtes-du-Nord, les Bretons viennent de mettre au point leur culture avec des perspectives spectaculaires (un oursin d'élevage de 1/2 millimètre à ses débuts atteindra sa taille commercialisable en deux années seulement, alors qu'il faut compter au moins le double de temps dans la nature…).

L'AQUACULTURE OU LA MER EN SON JARDIN

Au sein de l'aquaculture, la conchyliculture concerne l'élevage des coquillages ; ses grandes spécialités ne datent pas d'hier : la culture des moules — ou mytiliculture — remonte déjà au XIIIe siècle et la culture des huîtres — ou ostréiculture — beaucoup plus haut puisque les Romains furent les premiers à utiliser des parcs d'élevage.

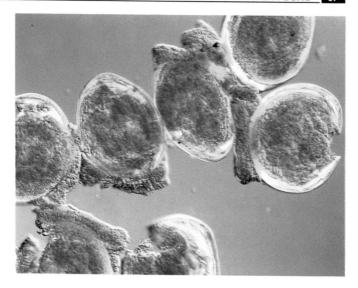

L'art d'élever une huître.

C'est l'IFREMER, l'Institut français de recherche et d'exploitation de la mer, qui calcule le jour J de la ponte des huîtres et donne l'alerte aux ostréiculteurs.

Captage des œufs : au bout d'une semaine de vie libre dans l'eau, au sein du plancton, le bébé huître commence à prendre coquille et, entraîné par son poids nouveau, il tombe au fond pour s'y fixer ; il s'agit donc de lui avoir préparé des supports tout propres (tubes cannelés, tuiles, ardoises, coquilles de Saint-Jacques enfilées sur des tringles...). Les larves minuscules ainsi captées prennent le nom de « naissain », et resteront environ neuf mois sur leurs « collecteurs ».

*C*omment croire que ces tout-jeunes naissains deviendront plus tard de délicieuses belons... Mais l'œil du microscope est bien sûr moins gourmand que celui de l'amateur !

<u>Élevage :</u> quand les huîtres atteignent 2 à 4 cm (et c'est déjà 200 fois leur taille initiale !), sonne l'heure du détroquage : on les détache à la main (ou avec des machines, ce qui est plus rapide mais pas sans causer des pertes) pour les placer à l'abri dans des enclos ; alors, si la coquille est jugée assez résistante, vient le transfert dans les parcs où elles séjourneront le temps de leur « engraissement ».

Affinage : au bout de deux ou trois ans, les huîtres sont retirées de leur vivier pour se faire une beauté dans des parcs d'affinage (riches en plancton) ou bien en « claires », bassins à fond d'argile où elles acquièrent finesse de goût… et coloration verte. Celle-ci est due à l'intrusion dans la coquille de la navicula, algue bleue microscopique qui, mélangée au jaune naturel du manteau, produit ce vert irrésistible qui met l'eau à la bouche (une huître qui refuse de verdir est une « boudeuse » !).

LE NAUFRAGÉ ET LES BOUCHOTS

En 1235, l'Irlandais Patrick Walton fit naufrage dans la baie de l'Aiguillon (en face de l'île de Ré). Pour attraper des oiseaux, il tendit des filets entre des piquets en bois plantés dans la mer, piquets qui ne tardèrent pas à se couvrir de petites moules. Très intéressé par ce phénomène, cet ancêtre des boucholeurs planta de nouveaux piquets reliés entre eux par un système de claie ; à ce treillis, il donna le nom de « bout choat » (du celtique *bout* « clôture » et *choat* « bois ») d'où proviennent directement nos bouchots.

Dégorgement : avant d'être vendues dans le commerce, les huîtres ont encore huit jours pour faire leur toilette dans un dégorgeoir, bac d'eau limpide où elles se débarrassent de leurs impuretés.

Agent 000 ? M3 ? TG1 ? P6 ?

À quoi rime ce code bizarre qu'on applique partout aux huîtres ? savoir à qui l'on a affaire évidemment, et dans l'intérêt de tout le monde. Car vu l'excellence du produit, la question de sa taille est d'importance ; un ordre numéroté a donc été adopté, selon ce principe : le chiffre sera d'autant plus petit que l'huître sera grosse.

CLASSIFICATION DES HUÎTRES	
Catégorie / Poids (avec coquille)	
PLATES	CREUSES
000 : 100 g et plus	TG1 : 100 g et plus
00 : de 90 à 100 g	G2 : de 80 à 99 g
0 : 80 g	M3 : de 65 à 79 g
1 : 70 g	M4 : de 50 à 64 g
2 : 60 g	P5 : de 40 à 49 g
3 : 50 g	P6 : moins de 40 g
4 : 40 g	TG : très grosses
5 : 30 g	G : grosses
6 : 20 g	M : moyennes
	P : petites

L'huître et les événements de 68.

C'est en 1868 que la célèbre huître creuse « portugaise » fut accidentellement introduite en France. À l'origine de cette implantation : « l'affaire du *Morlaisien* », bateau de commerce transportant des huîtres en provenance du Portugal et à destination de l'Angleterre ; en cours de route, de

*R*ares et chères, les huîtres plates de Hollande sont parmi les meilleures et les plus grandes (il vaut d'ailleurs mieux les partager en deux pour les déguster).

LES « PORTUGAISES »

Elles colonisèrent notamment le bassin d'Arcachon et étaient les descendantes de passagères clandestines venues de l'Inde au XVᵉ siècle : accrochées à la coque de navires, elles avaient débarqué incognito sur les rives du Tage…

mauvaises conditions atmosphériques l'immobilisèrent dans le bassin de la Gironde. La cargaison s'étant avariée à la suite de ce retard imposé par les éléments (l'histoire ne le précise pas, mais on peut supposer que l'odeur fut bientôt pestilentielle), on la jeta ni plus ni moins par-dessus bord ; ce geste peu écologique devait avoir d'heureuses conséquences : parmi toutes ces huîtres, il y avait des survivantes et elles se plurent tant et tant dans leur nouveau pays qu'elles décidèrent de croître et de multiplier…

Et c'est cent ans plus tard, en 1968, qu'une épizootie ravagea en France la plupart des bancs d'huîtres plates, avant de s'en prendre aux creuses deux années plus tard. 20 000 tonnes furent ainsi perdues entre 1970 et 1975. On importa alors du Japon un naissain salvateur pour remplacer les ex-portugaises, mais les plates, elles, ne s'étaient pas encore remises du coup qui leur avait été porté quand dix ans après le choc du martelia, le bonimia attaqua à son tour… Les chiffres parlent d'eux-mêmes : 21 000 tonnes de plates en 1960, 10 000 en 1978, 4 000 en 1980, 1 000 en 1983… Depuis, grâce surtout à la production de la Bretagne Sud et aux gravettes d'Arcachon, on peut dire que le creux de la vague est passé — 1 766 tonnes en 1985, 1 480 en 1986 — mais sans que l'on retrouve les fastes d'antan.

VIES PRIVÉES, SECRETS D'ALCÔVE

La fureur de vivre.

Rien de plus compliqué que la reproduction chez les fruits de mer : car si l'accouplement des gastéropodes peut prendre la forme d'un « corps à corps » normal entre bigorneau mâle et bigorneau femelle par exemple, il n'en va déjà pas de même avec l'ormeau qui, lui, n'affiche de sexe déterminé qu'en période de fécondité. Quant aux autres, ils peuvent tout simplement être nés hermaphrodites et fonctionner tantôt en mâles, tantôt en femelles. Question de roulement, ou d'âge : ainsi la patelle est mâle jeune et devient femelle en vieillissant... Il y a aussi la méthode sans contact des bivalves qui se contentent d'éjecter directement œufs et semence dans la mer ; si le hasard des courants les réunit, il y aura fécondation, sinon tant pis.

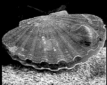

Hermaphrodite, la coquille Saint-Jacques peut avoir des sexes séparés (un corail jaune révélant le mâle, et un orangé la femelle) ou être bisexuée (son corail est alors bicolore).

Mâle, femelle et les deux à la fois mais pas en même temps, l'huître plate est hermaphrodite mais l'autofécondation est impossible car elle ne dispose pas des deux sexes en même temps mais seulement à tour de rôle... Débutant mâle dans la vie, elle devient femelle après la reproduction, ce avant de se refaire mâle !

Mâle, femelle, hermaphrodite et les trois en même temps. R. Tucker Abbott évoque l'étrange cas des *Crepidula fornicata*, ces « petits chaussons » plutôt en forme de bonnets phrygiens qu'on trouve entassés les uns sur les autres sur les valves des Saint-Jacques, pétoncles... (ces crépidules nous viennent des États-

jeunes et les plus petits du haut sont des mâles. Très souvent ceux du milieu sont en métamorphose sexuelle, passant de l'état mâle à l'état femelle. »

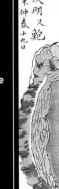

Unis, et certains expliquent même leur débarquement par celui du 6 juin 1944 !) : « Les quatre ou cinq individus du bas de la pile sont tous

UNE NAISSANCE À HAUTS RISQUES...

Théoriquement, chaque huître est susceptible de se reproduire à plusieurs dizaines de millions d'exemplaires, mais, en pratique, les pertes sont énormes. Beaucoup d'appelées, peu d'élues : pour une huître parvenue à l'âge adulte, on calcule que dix millions d'œufs ont été détruits. Quel malheur ! soupire le gourmet horrifié... Ce n'est pas sûr quand on sait que l'huître du Japon (la *Crassostrea gigas*) pond en un an un quadrillion d'œufs

L'EAU
À LA BOUCHE

INVITEZ
LA MER
À VOTRE
TABLE !

*I*l y en a pour tous les goûts et pour toutes les bourses. Et ça frétille, ça grouille de vie ! Lancez-vous, sautez des crevettes aux étrilles, des coques fraîches aux bulots en passant par les palourdes et les vernis... jusqu'à l'aboutissement suprême que deviendra le plateau de fruits de mer. Mais pour l'instant, rendez-vous au marché !

FRAÎCHEUR
ET SALUBRITÉ

Halte aux bourriches pirates !

Les fêtes de fin d'année font parfois surgir d'on ne sait trop où des bourriches d'huîtres sans étiquette ni même de date d'expédition. L'été, en bord de mer, on assiste de temps en temps aussi à des ventes de moules « sauvages » à l'origine incertaine. Or, il faut savoir que des coquillages filtreurs (comme les huîtres, les palourdes et tout particulièrement les moules) contaminés peuvent notamment déclencher une hépatite virale : ils doivent impérativement être contrôlés par l'IFREMER (qui octroie l'étiquette de salubrité dans le cadre du « casier sanitaire »). Alors, pourquoi aller acheter à la sauvette des fruits de mer douteux quand ceux qui sont vendus en toute légalité sont parmi les mieux surveillés du monde ?

LE SYNDROME DES MOIS SANS « R »

Autrefois (et même encore de nos jours bien souvent, mais vraiment à tort), on se méfiait des quatre mois sans « r ». En mai, juin, juillet, août donc, on se passait d'huîtres. En fait, c'était leur transport trop lent par grande chaleur qui pouvait les rendre douteuses, l'été, loin des côtes. Au siècle de la vitesse, ce risque est dépassé et les huîtres restent parfaitement consommables toute l'année. (À noter qu'au temps des Romains elles voyageaient déjà très bien, mais en amphores et dans de la saumure…)

Vigilance et narines en éveil !

La meilleure garantie de fraîcheur d'un mollusque ou d'un crustacé, c'est sa vitalité. Exemples : les valves béantes (enfin, pas trop…) des coquillages doivent normalement se refermer au toucher ; de même, une goutte de citron doit provoquer une rétraction instantanée. Par ailleurs, on détecte l'altération des crustacés à leur

UNE GARANTIE POUR LE CONSOMMATEUR

La vente en vrac des coquillages d'élevage est interdite ; avant de pouvoir être commercialisés, ces fruits de mer sont soumis dans des établissements agréés par l'État à une série de traitements et de vérifications à la suite desquels seulement ils seront conditionnés et expédiés.

noircissement et à une odeur soufrée, ou ammoniaquée, en tout cas fort peu alléchante. Lapalissade : achetez de préférence vos crabes, langoustes, homards intacts, avec leurs pinces et pattes au grand complet (sinon, ils risquent de se vider à la cuisson). Surveillez la vivacité des yeux et des antennes ; évitez aussi ceux qui bavent : ce n'est guère appétissant, et puis ce n'est pas très bon signe…

Au rythme des saisons.

Comme de bien entendu, c'est l'étal de votre poissonnier qui fait loi — arrivage oblige. Bien sûr, on peut toujours passer commande mais à l'impossible nul n'est tenu : vous trouverez plus facilement des fraises en décembre que

des pouce-pieds hors mars-avril… Par bonheur, il existe suffisamment de fruits de mer différents pour qu'il y ait toujours le choix à n'importe quel moment de l'année. Les coquilles Saint-Jacques viennent à manquer à partir de fin avril ?… Qu'à cela ne tienne, les araignées de mer prendront le relais de mai à septembre. L'été offre moins de coques et plus de praires du tout ?… mais les langoustines aiment les beaux jours et les tourteaux resteront fidèles au poste.

L'HUÎTRE LAITEUSE

Regardée avec méfiance l'été parce qu'elle renferme une sorte de laitance, la malheureuse n'est ni dangereuse ni « tournée » (?!) mais seulement en période de reproduction : elle n'a pas encore évacué ses œufs (ou sa semence, selon son sexe).

Solides piliers des marchés, les huîtres et les moules (au moins celles de bouchot et d'Espagne) restent, elles, à votre service à longueur d'année. Ce qui ne veut pas dire qu'elles se valent toute l'année :

Moules : laiteuses de février à mai, moins savoureuses en juin (époque de leur ponte), elles sont optimales de juillet à janvier.

Huîtres : c'est la période hivernale qui sonne le mieux de leur forme ; un conseil : au sortir d'un mois d'août caniculaire, ne vous précipitez pas sur elles dès septembre, à moins de les aimer salées (la chaleur provoque une évaporation qui fait monter le taux de salinité dans les parcs).

Il faut qu'une huître soit ouverte ou fermée.

À noter qu'il est de tradition que les huîtres plates voyagent en bourriches rondes et les creuses en bourriches rectangulaires.

Les conserver, c'est très possible : il s'agit seulement de les dissuader d'ouvrir leur coquille en les entassant les unes sur les autres (valves creuses en bas, comme dans les bourriches) et en couvrant le tout d'un poids. Elles seront bien obligées de garder l'eau qu'elles contiennent et vivront donc plus longtemps. Température idéale : entre 5 °C et 10 °C (attention : 15 °C maximum !). Le bas du réfrigérateur fait parfaitement l'affaire. Si vous n'êtes ni pressé ni affamé, vous disposez ainsi

LES HUÎTRES DE DEMAIN

Elles seront peut-être commercialisées pré-ouvertes ! Le projet est à l'étude depuis qu'un ostréiculteur breton a lancé l'idée de vendre les huîtres avec leur couvercle mais la charnière déjà forcée. Il faudrait alors bien sûr renoncer au traditionnel transport en bourriches pour adopter un conditionnement individuel (dans du polystyrène alvéolé)... Au fait, on achète bien au Japon des huîtres sans coquille !

QUE CHOISIR ?

d'une dizaine de jours (à compter de leur sortie de l'eau). Mais une fois que vous les aurez ouvertes, il faudra les manger sans plus attendre.

Le clam sourit aux audacieux.

À eux seuls, les fruits de mer forment une galaxie de merveilles qui se visite dans les marchés ; il n'y a que l'embarras du choix. Si l'on veut sortir des sentiers battus, tant de coquillages méconnus restent à découvrir. Trop de personnes vivent encore sans savoir ce que c'est que de déguster un oursin avec des mouillettes beurrées ou un clam avec du citron vert ! Pourquoi vous refuser ces plaisirs ? Laissez-vous tenter. Quelle que soit la saison, il y a bien un petit mollusque nouveau pour vous, et qui brûle de faire votre conquête... Or, la plupart du temps, l'essayer c'est l'adopter ! Même les moins alléchants à première vue — pas seulement ce pauvre violet, les claques aussi avec leur pied à l'air (sans parler des crustacés qui roulent de gros yeux et des poulpes toutes ventouses dehors...) — même les moins sympathiques donc, sauront le devenir dans votre assiette. Maintenant que vous vous êtes décidé à faire connaissance avec telle ou telle espèce, quelles pièces choisir ? C'est fort simple : pas les plus grosses.

Rien ne sert d'avoir les yeux plus gros que le ventre, il faut choisir « à point » — et se souvenir qu'en ce qui concerne les fruits de mer aussi la valeur n'attend pas le nombre des années, bien au contraire.

Finesse rimant donc avec jeunesse, les meilleures langoustes ne dépasseront pas 800 g. Même équation chez les homards : plus gros = plus vieux = moins bon. Le parfait tourteau mesurera 12 cm et pas plus (au-dessus, il a déjà mué et sa nouvelle carapace n'est plus pleine à craquer comme avant, elle est pleine de vide : ne vient-il pas en quelque sorte d'emménager dans un appartement trop grand ? Un tourteau qui « sonne le creux » est appelé une lanterne). Naturellement, ce qui est vrai des crustacés l'est des escargots de mer (petit bulot deviendra grand : mangez-le donc avant) et des tuniciers (mini-violet, tu nous plais) et même des huîtres : qui ne sait que la petite « papillon » au goût de noisette (cette spéciale de claires de Marennes n° 5) est parmi les meilleures du monde ?

Surtout, ne laissez jamais les coquillages que vous venez d'acheter dans leur sac plastique (ni au soleil bien sûr).

Mieux vaut faire dégorger plusieurs heures tous les coquillages enfouis sous le sable (coques, palourdes…) : pour ce

COMMENT SAVOIR SI UNE HUÎTRE EST BONNE

Les signes extérieurs ne trompent pas : si une huître bâille, si elle est desséchée ou ensablée (c'est heureusement fort rare), jetez-la aussitôt. D'une manière générale, au moindre doute, à la moindre odeur bizarre, écartez-la systématiquement. Et si c'est en la gobant que vous vous rendez compte que quelque chose ne va pas, recrachez-la sans hésiter (personne ne vous en voudra).

PRÉPARATION ET NETTOYAGE

RAPPORT QUANTITÉ/PRIX

La crevette est le plus « rentable » des fruits de mer

puisqu'on peut déguster 47 % de son poids. Viennent ensuite le crabe (44 %) et le homard (38 %), puis la moule (34 %). À ce régime-là, la langouste est distancée avec ses 26 % (maudites antennes !), l'écrevisse se retrouvant à la traîne : 22 %. Quant à l'huître, elle arrive bonne dernière avec ses malheureux 17 % consommables... À qui perd gagne ? Le palais a ses raisons que la raison ne connaît pas !

faire, rien ne vaut un bain d'eau très salée et un peu vinaigrée où on les remuera plusieurs fois.

Les huîtres, elles, ne doivent jamais être baignées (horreur !) mais les moules sont à rincer abondamment avant d'être grattées ; ne pas hésiter à jeter systématiquement toutes celles qui sont cassées, même un tout petit peu. Même précaution pour les coques, souvent accidentées. Les moules qui flottent sont celles qui ont perdu leur eau : si tout va bien, elles doivent se remplir au bout d'un moment, s'alourdir et tomber au fond ; sinon, écartez-les aussi.

Cas particulier des bulots : à faire dégorger longtemps dans beaucoup de sel fin — d'autres préconisent l'eau vinaigrée — avant d'être lavés à grand jet. Comme pour les bigorneaux (et les étrilles), vous pouvez très bien acheter les bulots déjà cuits, à condition que votre poissonnier ait l'habitude de bien relever ses courts-bouillons — et qu'il n'ait pas trop attendu pour cuire ses invendus...

Une technique de pointe !

D'abord, un constat : un coquillage vivant et bien vivant s'ouvre difficilement ; c'est que son muscle verrou tient bon et on aurait mauvaise

PRATIQUER L'OUVERTURE

Une fois qu'on a réussi à introduire la lame dans l'angle de la charnière, il ne reste plus qu'à faire levier (si vous n'avez pas bien l'habitude, prenez soin de vous protéger la main avec un torchon).

grâce à le lui reprocher puisque ce qui fait sa défense fait aussi sa fraîcheur. D'ailleurs, des plus coopérants — coques, moules, vénus — aux moins dociles, chacun a son talon d'Achille (que votre poissonnier vous dévoilera si vous le lui demandez).

La panoplie du parfait petit écailler se résume à un bon couteau — et qu'importe le modèle pourvu qu'on ait l'adresse. Bref, il s'agit pour le couteau d'attaquer juste au défaut de la cuirasse, c'est-à-dire généralement à la

N'hésitez pas à jeter l'eau des huîtres juste ouvertes, jetez-la même plutôt deux fois qu'une car elle renaît aussitôt et ce nouveau jus est alors incomparable.

charnière (avec un couteau électrique, les vibrations aideront à introduire la lame en douceur).

La providence des maladroits.

Pour ceux qui craignent de se blesser et pour les irréductibles adversaires de la manière forte, restent heureusement deux solutions de rechange : la bonne = le froid, et la mauvaise = le chaud. Peu convaincant : le passage au four des huîtres, ne serait-ce que quelques secondes (compter jusqu'à 15 pour un micro-ondes) car elles ne peuvent qu'y perdre leur eau et leur fraîcheur. Très intéressant : le passage au congélateur (une bonne heure) car à leur retour de cette expédition polaire, les huîtres vont commencer à s'entrouvrir toutes seules ! Après deux heures à température ambiante, le tour est joué et le résultat magique : pas un débris de coquille, et un goût inaltéré… Ni vu ni connu !

Venir à bout des cas difficiles.

À vrai dire, le violet n'est pas tant récalcitrant que répugnant. Mais le jeu en vaut tellement la chandelle : oubliez un instant son physique, son intérieur est si bon ! Prenez un couteau de cuisine et coupez-le en deux dans le sens de la longueur, un point c'est tout.

L'HUÎTRE ET LES RECORDS

En 1983, l'Américain W. Heath a ouvert 100 huîtres en 2 mn 45 s… Trois ans plus tard, un Français, Marcel Carou, a réussi à ouvrir en 1 heure 1 106 claires n° 3… Question gloutonnerie, Tommy Green (États-Unis) a réalisé en 1985 l'exploit d'en engloutir 288 en 1 mn 35 s !

On ne mange que le jaune qui se détache facilement.

Le pied-de-cheval, lui, est une forte tête. Cette super-huître se faisant un devoir de rester sourde aux avances les plus pressantes, tournez la difficulté en cassant carrément un coin de sa coquille à la pince ou à la tenaille. Une fois la fente obtenue, il n'y a plus qu'à forcer avec une lame.

*L'*ouverture d'un pied-de-cheval n'est pas une mince affaire sans une trousse à outils !

En comparaison, mater un clam paraîtra un jeu d'enfant. Il suffit de trouver le point sensible (la charnière comme d'habitude) et de s'y tenir résolument : c'est lui qui cédera le premier.

En ce qui concerne l'oursin, il faut d'abord repérer la « lanterne d'Aristote », ce petit trou au sommet d'où sort un peu d'orange quand il est bien plein. Quand c'est chose faite, prenez une paire de grands ciseaux et découpez tout autour une large rondelle de carapace (des gants ne sont pas une précaution inutile à cause des piquants).

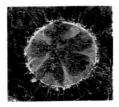

*L'*oursin est le seul fruit de mer qui se découpe avec une paire de ciseaux.

En ôtant ce couvercle improvisé, vous découvrirez, disposés en étoile, les cinq coraux convoités ; à vous de les dégager délicatement des parties noires qui les recouvrent.

Tous les coquillages peuvent se manger crus. Extrémiste, le violet ne se mange même que cru. Comme la plupart des règles, celle-ci a ses exceptions :

RESTONS HUMAINS

Pour cuire sans (trop de) cruauté crabes, homards ou langoustes, on recommande au préalable ou bien de les immerger 1/4 d'heure dans de l'eau froide non salée, ou bien de les placer un moment dans le haut du réfrigérateur

L'ART DE CUIRE

(ce n'est pas facile avec les araignées !). Dans les deux cas, cela provoque un engourdissement qui a aussi le mérite d'empêcher vos crustacés de se rétracter ensuite à la chaleur ; ils garderont ainsi leurs pinces et leurs pattes avec eux (quand on les plonge impromptu à ébullition, un réflexe d'autodéfense leur fait abandonner leurs pattes à l'adversaire…).

bigorneaux et bulots doivent être consommés cuits. En raison de leur grande taille, les Saint-Jacques, les ormeaux et les jambonneaux se consomment eux aussi presque toujours cuisinés. Les crustacés, pour leur part, se dégustent toujours cuits.

L'heure du bouillon.

D'une manière générale, les fruits de mer gagnent à n'être pas trop cuits (sinon ils durcissent, deviennent caoutchouteux) et ils ont tout intérêt à être préparés dans un bon court-bouillon « maison » — dans lequel ils resteront ensuite à refroidir — à la fois relevé et parfumé. Prévoyez beaucoup de poivre, de sel, un peu de vinaigre, des oignons, du laurier et du persil. Si vous vous trouvez en bord de mer, la cuisson dans leur élément naturel (poivre en sus) est particulièrement indiquée pour les crevettes et les étrilles.

Pour les crustacés les plus gros, calculez en moyenne 20 minutes par kilo : la langouste sera à point ; à poids égal, compter plutôt moins pour le homard et plutôt plus pour le tourteau. Les étrilles, elles, ne cuiront pas plus de 3 ou 4 minutes (ce à partir de la reprise de l'ébullition), et les langoustines de 3 à 7 minutes, selon

*A*vant d'acheter un homard ou une langouste, vérifiez si le crustacé est bien plein : il suffit de le retourner et de jeter un coup d'œil à son ventre, la membrane qui recouvre la queue doit être tendue.

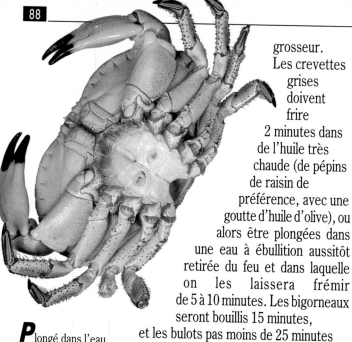

grosseur.
Les crevettes
grises
doivent
frire
2 minutes dans
de l'huile très
chaude (de pépins
de raisin de
préférence, avec une
goutte d'huile d'olive), ou
alors être plongées dans
une eau à ébullition aussitôt
retirée du feu et dans laquelle
on les laissera frémir
de 5 à 10 minutes. Les bigorneaux
seront bouillis 15 minutes,

Plongé dans l'eau bouillante, le tourteau risque de perdre des pattes, par réflexe d'autodéfense.

et les bulots pas moins de 25 minutes
(avec ces deux-là, n'hésitez pas à forcer
sur le poivre de Cayenne ; quelques
gouttes d'huile dans leur eau de cuisson
vous aideront par ailleurs à les sortir
plus facilement de leur coquille le
moment venu).

LA CONGÉLATION

Elle donne de bons résultats
avec la plupart des bivalves :
coques, pétoncles, amandes,
clams, moules, praires, Saint-
Jacques… Mais attention : une
fois décongelés (n'attendez pas
plus de trois mois), il ne sera plus
question de manger crus ces
coquillages, il faudra bel et bien les
cuisiner. Rien ne vous empêche de
prendre même les devants et de les

congeler non seulement cuits mais déjà parés d'un beurre persillé par exemple. Mode d'emploi : veillez à faire d'abord dégorger les coquillages le plus longtemps possible (au moins une demi-journée) ; ouvrez-les en recueillant leur jus à part, puis décoquillez-les et nettoyez-les ; enfin, mettez-les en barquette recouverts de leur eau. On peut aussi les congeler remis chacun dans sa coquille mais cela prend de la place... Naturellement, rien ne s'oppose à ce que vous réser-viez le même sort glacial à vos homards, langoustes,

crevettes et langous-tines. Reste seulement à savoir si ceux et celles que vous trouvez déjà congelés dans le commerce ne vous reviennent pas moins cher ! À vous de juger. En tout cas, congelez de préférence vos crustacés tels quels, sans les faire cuire (à l'achat, optez de même pour les langoustes congelées crues, infiniment meilleures) et dans de l'eau très salée à défaut d'eau de mer. Conservation : de deux mois (tourteaux) à quatre mois (étrilles, araignées).

POUR PRÉPARER L'ÉTRILLE CUITE

Il faut d'abord lui ôter sa carapace en la soulevant tout simplement (même procédé pour les gros crabes avec un geste plus énergique). On nettoie alors l'intérieur en enlevant au couteau toutes les parties noires et vertes (le corail peut se manger, lui, et beaucoup ne s'en privent pas) ; puis, toujours au couteau, on coupe en deux le corps dans le sens vertical avant de lui remettre sa carapace pour faire joli. À table, on commence par manger les pattes en les ôtant une par une (les grosses se brisent au casse-noisettes, et les plates se pressent entre les doigts comme un tube : la chair sort toute seule) pour finir par l'incomparable chair d'un blanc de neige qui se trouve bien rangée à l'intérieur du corps (on la dégage avec le crochet à crabe).

LANGAGE DE FÊTE

LES FRUITS DE MER METTENT L'AMBIANCE.

***P**artout où c'est la fête, il y a des fruits de mer ! Et réciproquement. Bourriches d'huîtres au réveillon ou moules-frites dans les foires, homard aux chandelles ou coupelles de bigorneaux sur le vieux port, suprême de langoustine ou mini-crabes farcis à l'apéritif, médaillon de langouste ou cocktail de crevettes… coquillages et crustacés parlent à tous le langage de la convivialité.

LES SEPT AMBIANCES DE LA PASSION

Si les fruits de mer sont un sommet, ils ne sont pas pour autant réservés à une élite. C'est entendu, certains sont souvent hors de prix (entamons la litanie des regrets : langoustes, belons, oursins, pouce-pieds, ormeaux...), mais combien d'autres, en revanche, restent encore abordables !

Un vrai festin de moules d'Espagne revient à trois fois rien. Un litre de coques fraîches régalera deux personnes pour quelques centimes de plus. Un plein kilo de pétoncles ne vaut guère plus du double. Au cours actuel de l'étrille, vous dépenserez quelques francs l'unité pour le meilleur des crabes ! Jusqu'au homard qui se vend maintenant congelé à prix très bas. En ce qui concerne les produits congelés justement — moules, coques, noix de pétoncles, mélanges pour salades — ils sont vendus nettoyés, calibrés, triés, débarrassés de leurs coquilles surtout, et présentent donc, au poids, un rapport qualité/prix imbattable !

LES KAMABOKO

C'est la véritable appellation de cette trouvaille japonaise plus connue sous le nom de « rouleaux de la mer » ou de « bâtonnets de crabe ». Principalement composé de surimi (à base de colin d'Alaska et donc pas de crustacés !), le kamaboko doit son goût typé à des extraits de crabe et sa couleur si bien imitée à du paprika ! Ce qui ne l'empêche pas d'être fort bon (meilleur même que la plupart des boîtes de crabe) et très pratique pour les préparations froides : salades, etc.

L'ambiance guinguette.

À la force de la coquille, l'assiettée de moules-frites a conquis droit de cité dans les fêtes foraines comme dans les brasseries. Chope de bière de rigueur. Dans le Nord, c'est le cornet de

crevettes grises qui s'impose. Quant aux bâtonnets de surimi aromatisés au crabe à grignoter tendrement, ils envahissent partout poissonneries et magasins de surgelés.

*U*ne « ventrée » de moules pour trois fois rien !

L'ambiance « amuse-gueule ».

L'apéritif sonne l'heure du grand déferlement ! Frais, décortiqués, surgelés, en boîte ou en bocal… les fruits de mer se mettent en quatre pour napper vos canapés ou se trouver au bout de votre pique. Les bigorneaux naturellement, et même souvent les bulots. Les beurres d'écrevisse, de homard, de langoustine, de crabe… Les salades de poulpe ou de calmar. Et encore les moules marinées au vinaigre, à l'escabèche, à la catalane, à la provençale, à la mexicaine… Sans oublier les petits carrés de fromage aromatisés à la crevette ou aux fruits de mer…

« À L'HEURE DE L'APÉRO »

Les crevettes ne savent plus où donner de la queue pour convaincre : on déguste les petites grises aussi bien nature qu'avec des toasts beurrés, décortiquées qu'entières, bouillies que frites, chaudes ou tièdes que froides…

...**Les grosses crevettes roses s'offrent toujours bien fraîches, souvent sans la carapace mais avec la queue pour faire plus joli (un truc : si elles ne sont pas décortiquées, commencez par l'arrière et non par la tête : le reste vient tout seul). Dans tous les cas, avant de passer à table, il faut une serviette, mieux : une pochette rince-doigts.**

L'ambiance chic et pas cher.

C'est simple : du moment que les fruits de mer apparaissent sur une table, fût-ce anonymement sous l'apparence d'une timbale ou d'une cassolette, ou alors déguisés en gratin, camouflés en farcis, invités dans la salade… le repas est aussitôt « amélioré » ! C'est la magie des coquillages de transfigurer ainsi l'ordinaire à peu de frais.

L'ambiance pot-au-feu.

Vous rêvez d'une atmosphère chaleureuse, confortable, familiale ? Les fruits de mer sont là ! Et à la carte, on y trouve la soupe de moules, la bisque de homard et le velouté d'écrevisses, le ragoût de coquillages, ou encore la chou-croute du pêcheur…

L'ambiance feu de joie.

Quoi de plus gai et de plus romantique à la fois qu'une claire flambée sur la plage par un beau soir d'été ? Les gambas et les Saint-Jacques ne sont pas seules à chauffer le cœur des amateurs de barbecue… Les plus célèbres des coquillages se font un devoir de relayer les sempiternelles brochettes.

■ Éclade de coques (prononcer églade comme zinc se dit zing) : jetez en vrac un tas de coques sur un large rocher plat ; recouvrez-les de poignées de brindilles de pin sèches et enflammez.

■ Mouclade : même recette avec des moules (elle s'appelle aiglade en Charente et brasoucade dans le Midi).

*G*ambas, camarones, voire même langoustes, sont les reines du barbecue, en toute simplicité.

Éditions J'AI LU
27, rue Cassette
75006 PARIS

J'ai la vie !

**Nous souhaitons mieux vous connaître.
Merci de cocher les cases correspondantes et de retourner
ce questionnaire à l'adresse indiquée au verso.**

LES 50 PREMIERS RECEVRONT LE LIVRE DE LEUR CHOIX DANS LA COLLECTION "J'AI LU LA VIE !"

▲ Quel temps accordez-vous à vos loisirs ?
(nombre d'heures par semaine)

▲ Avez-vous déjà acheté ce type de livres ?
Oui ☐   Non ☐

▲ Comment avez-vous connu "J'ai lu la vie !" ?
Publicité ☐   "J'ai lu" ☐
Bouche à oreille ☐   autres à préciser : _____

▲ Est-ce le premier livre "J'ai lu la vie !" que vous
lisez ?
Oui ☐   Non ☐

▲ Quelles motivations ont guidé votre choix ?
Sujet ☐   Prix ☐
Présentation ☐   Format ☐
Nouveauté ☐   autres à préciser : _____

▲ Les sujets que vous venez d'acheter corres-
pondent-ils actuellement à des passions ?
Oui ☐   Non ☐

▲ A la découverte de nouveaux univers ?
Oui ☐   Non ☐

▲ Pensez-vous qu'il y a :
Trop de textes ☐   Trop de photos ☐
Assez de textes ☐   Assez de photos ☐
Pas assez   Pas assez
de textes ☐   de photos ☐

▲ Comment vous êtes-vous procuré ce livre ?
Acheté ☐   Grandes surfaces ☐
Librairies ☐   Marchands de journaux ☐
Prêté ☐   Offert ☐   autres à préciser : _____

▲ Quel âge avez-vous ? _____

Nom _____
Adresse _____
_____   Code postal _____
Ville _____   Tél. _____

■ Huîtres rôties dans leur jus : il en faut de très fraîches ; on les ouvre pour les déposer sur des braises incandescentes (attention à ne pas se brûler les doigts en les retirant).

■ Moules saisies à la cendre : attendez que les braises rougeoient pour en faire un tas de cendres où vous piquerez les moules à la verticale (côté ouverture en haut pour qu'elles gardent leur jus).

L'ambiance huppée.

D'un naturel plutôt spontané (« authentique », pour ne pas dire « écologique »), les fruits de mer savent aussi se sophistiquer quand il le faut ! Place ici donc aux menus trois étoiles, aux langoustes et aux homards cuisinés, et à toute la galaxie des accommodements de prestige : caviar sur belon, fondue de Saint-Jacques à la nage, huîtres chaudes au champagne...

*A*vec la même simplicité, la langouste retrouve son style aristocratique et donne au moindre plat sa fameuse ''touch of class''...

Au marché, forcez naturellement sur les coquillages les moins chers ; pas trop sur les amandes (qui n'en valent guère la peine, sauf à faire joli), mais sur les moules d'Espagne, les coques, les étrilles... Si besoin était, ces dernières sauraient d'ailleurs très bien remplacer de gros crabes plus onéreux. Tout comme vous penseriez à adopter des crevettes roses à la place de langoustines flambées par les prix...

C'est si simple à faire et tellement supérieur : plutôt que de l'acheter, confectionnez vous-même le vinaigre à l'échalote et vos moules d'Espagne n'en seront que plus toniques.

L'ambiance plateau royal.

Retour au naturel pour atteindre au comble de l'art : le plateau de fruits de mer parle à lui seul le langage de la fête, et quelle fête ! Celle des goûts et des couleurs réunis pour notre plus grande joie. Un régal sans pareil car quel autre « plat » sait offrir un tel éventail de saveurs si subtilement distinctes et complémentaires ?

Ce couronnement que constitue en quelque sorte le grand plateau de fruits de mer se déroule selon un cérémonial précis, dépendant lui-même de l'un ou l'autre des deux modèles en vigueur :

Le plateau à la bretonne se présente sur un lit d'algues ; à l'exception des huîtres qui sont ouvertes (et présentées avec leur couvercle), les autres coquillages sont servis intacts, rangés par petits tas ; de même, la préparation de l'araignée ou du tourteau se limite au précassage des pinces.

Le plateau à la parisienne — qui tend à supplanter son collègue de l'Ouest — s'édifie sur de la glace pilée, les coquillages étant tous ouverts (servis sans couvercle) et répartis ainsi que les bulots, crevettes roses et langoustines tout autour du crustacé central, à la carapace prédécoupée.

Il va de soi que si d'aventure, vous réconciliiez Bretagne et Paris dans vos propres réalisations en cumulant lit d'algues et glace pilée, en mêlant aux pièces déjà préparées quelques autres encore intactes ou fermées (étrilles, coques…), et en rompant çà et là par de petits tas (crevettes, bigorneaux : à présenter dans des coquilles de Saint-Jacques) l'harmonieuse répartition du reste… vous feriez œuvre de civisme et d'esthétisme ! Régal des yeux aussi dans sa forme achevée,

*U*ne assiette ou un plateau de fruits de mer ne se conçoit pas sans le beurre, le pain de seigle, la mayonnaise, le citron et le vinaigre à l'échalote.

**ORGIES
DE LA MER**

**Grands amateurs
d'huîtres devant
Jupiter, les Romains
en faisaient une
consommation
parfois surprenante :
on cite les cent
douzaines par
semaine que le
philosophe Sénèque
aimait à gober, belle
moyenne qui pèse
pourtant peu en
regard des cent
douzaines que
Vitellius avalait lui
aussi sans
désemparer... au
cours d'un seul
repas ! Circonstance
atténuante (?), cet
empereur était passé
maître dans l'art de
se faire vomir afin de
mieux continuer...**

votre plateau fleurerait bon la
perfection. Soignez donc la décoration
en jouant avec les orangés des oursins,
le rouge vif des vernis, les amandes au
jaune d'or et les huîtres vertes !

L'entourage du plateau.

Il a toute une cour d'accessoires dont il
serait mal venu de le priver. Non
seulement parce qu'un tel décorum est
justifié par la pratique (comment se
débrouiller sans lui ?) mais aussi parce
qu'il participe à la tradition (pourquoi y
renoncer ?). Passons-le en revue : glace
pilée (ou algues), citrons, vinaigre à

l'échalote (pas tout préparé : avec des échalotes fraîchement hachées dedans !), mayonnaise citronnée (pour les bulots et les crabes), pain de seigle (tranché fin), beurre (demi-sel), bouchon à épingles (pour les bigorneaux), casse-noix (pour les pinces de tourteau), crochets à crabe et rince-doigts.

Fruits de mer et étiquette.

Connaissez vos droits et vos devoirs. On ne mange pas impunément avec les doigts sans un rince-doigts à ses côtés ! À la maîtresse de maison de veiller absolument à sa présence à table. Quels couverts ? Les petites fourchettes à poisson sont tout indiquées pour sortir moules, praires, clams et les autres de leur coquille. Une envie folle de boire le jus des huîtres ? Vous pouvez porter la coquille à vos lèvres, c'est autorisé par le savoir-vivre. Interdiction formelle en revanche de se servir de ses dents en société (parce que, en famille ou entre amis…) pour s'attaquer aux pattes et pinces des gros crustacés (pour les étrilles et les langoustines, pas moyen de faire autrement). Prenez donc le casse-noix. Ou mieux : la pince-crocodile peut venir discrètement de votre boîte à outils jusqu'à la table (d'amis) remplacer le casse-noix (voire le marteau pour les gros tourteaux).

LE RINCE-DOIGTS

Il s'agit tout simplement d'une petite coupe d'eau tiède avec une rondelle de citron (ou des pétales de rose), déposée à la droite de chaque convive ; on peut tout aussi bien lui substituer une pochette individuelle au citron (surtout pas à l'eau de toilette !).

LE BOUCHON À ÉPINGLES

Pas la peine de chercher midi à quatorze heures : pour manger les bigorneaux, on n'a besoin ni de fourchettes à escargots ni de piques apéritif ; ce sont de simples épingles à couture qu'il vous faut (à tête de couleur pour mieux les distinguer). Plantez-les dans un simple bouchon en liège enrobé d'un morceau de feuille d'aluminium.

INVENTAIRE

De quoi se compose un plateau ? Cela dépend naturellement du budget que

*A*vec leurs fruits de mer, les poissonniers réalisent parfois de véritables compositions d'art.

vous entendez lui consacrer. En général, avançons que :
L'assiette de fruits de mer est une sorte de formule « minimale » du plateau : huîtres, moules, amandes, crevettes grises et bigorneaux en sont les hôtes réguliers.
Le plateau formule courante accueille en sus les praires, coques, bulots, vénus, bouquets et étrilles…
La formule complète bénéficie en plus du débarquement des clams, vernis, palourdes, langoustines, à quoi s'ajoute un gros crabe : tourteau ou araignée.
La formule prestige s'enrichit de la présence d'huîtres plates, d'oursins, de violets…
Au restaurant, c'est une erreur de croire qu'un homard ou une langouste vont parachever le plateau royal : étant donné leur prix, ce supplément va bien souvent au détriment du nombre des autres fruits de mer proposés…

À BORDEAUX, À ARCACHON, À ANDERNOS…

on aime à alterner le goût des fruits de mer avec celui de la charcuterie du terroir : la tradition locale veut qu'on propose du pâté avec les huîtres, et surtout des petites saucisses grillées : « crépinettes » et « gravettes » font donc bon ménage dans le Sud-Ouest !

*F*oin de précautions oratoires : rien ne vaut un vin blanc sec et frais avec les fruits de mer, du moins au naturel. On vous vante un beaujolais avec les huîtres ? Essayez… et puis revenez vite à la raison. Décrétons pour simplifier que les vins de Loire conviennent parfaitement dans la quasi-totalité des cas. Vous ne commettrez donc pas d'impair en les offrant, bien au contraire. Cela dit, voici tout de même un bouquet de suggestions d'accompagnements susceptibles de varier un peu les plaisirs :

- Coquillages nature (en général) : muscadet-sur-lie.
- Huîtres creuses ou plates : sancerre blanc.
- Huîtres chaudes au champagne : champagne (évidemment).
- Violets et pieds-de-cheval : gros plant.
- Moules crues : côtes de Provence blanc.
- Oursins : chablis.
- Coques tièdes : bandol rosé.
- Moules marinières : cassis blanc.
- Saint-Jacques, pétoncles et vanneaux : sancerre blanc.
- Praires, palourdes et moules farcies : sancerre rouge.
- Langouste ou homard mayonnaise : riesling ou pouilly-fumé.
- Langouste à l'armoricaine : pouilly-fuissé ou vin jaune.
- Homard thermidor : sancerre blanc.
- Tourteau ou araignée mayonnaise : edelzwiker.

- Étrilles ou langoustines mayonnaise : sylvaner.
- Écrevisses à la nage : graves.
- Crevettes grises ou

LA PAGE DU SOMMELIER

roses : petit vin de pays.
- Crevettes au miel : pineau des Charentes.
- Crabes antillais : punch au citron.
- Gambas ou camarones flambées : punch au rhum vieux.
- Seiche, poulpe ou calmar cuisinés : rosé de Provence (ou marc de Champagne : il faut oser, et c'est délicieux !).

À TABLE OUVERTE !

RECETTES DE FÊTE.

Sortez de votre coquille et révolutionnez vos menus ! Ouvrez la porte aux étoiles de la gastronomie ! Des goûts et des couleurs... les fruits de mer en sont pleins, « nature » comme « autrement ». Alors, pourquoi vous priver de saveurs étranges et inconnues ?

ÉTONNANTES HUÎTRES CHAUDES

On est d'abord méfiant.
On doute.
Puis on goûte. Et on est conquis.
Témoin ces trois recettes
simplissimes et
élégantissimes à servir...

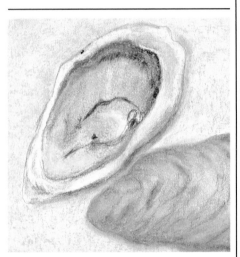

Huîtres panées.

Séchez-les hors coquille ; passez-les dans 1 œuf battu puis dans de la chapelure ; salez, poivrez, complétez avec un peu de noix muscade ; recoquillez-les chacune avec une noisette de beurre, dorez au four et servez avec du citron.

Huîtres frites.

Cuisez-les (5 à 6 mn selon grosseur) dans leur eau additionnée d'un jus de citron ; égouttez-les ; assaisonnez ; trempez-les ensuite dans de la pâte à frire ; dorez-les (pas trop) à l'huile bouillante ; croquez-les avec du persil frit.

Huîtres farcies.

À peine ouvertes, faites-les pocher dans leur eau ; hachez-les avec 1 oignon et 1 œuf dur (pour 1 douzaine d'huîtres) ; faites tremper le tout dans du lait et égouttez ; ajoutez sel, thym, persil, piment de Cayenne et beurre ; remplissez les coquilles du mélange et dorez 10 mn à four chaud.

Un « amuse-gueule » précieux et pas galvaudé : les huîtres grillées à l'anglaise (d'abord pochées dans leur eau, puis entourées d'une mince demi-tranche de bacon et ainsi dorées sur le gril).

TROIS ÉTOILES POUR UNE STAR

Une fois admise l'idée de cuisiner l'impératrice des coquillages, ne lésinons pas à accorder à son rang la recette haut de gamme qui lui sied le mieux.

Les huîtres chaudes au champagne.

Pour 4 douzaines (dans l'idéal, des spéciales de claires moyennes), réunissez les ingrédients suivants : 1,5 dl de champagne brut, 3 jaunes d'œufs extra-frais, 90 g de beurre, 6 échalotes, 1 gousse d'ail, le jus de 1/2 citron, du poivre en grains. Ouvrez les huîtres et tamisez leur eau ; continuez à filtrer le jus qu'elles donnent en « pleurant ». Ébouillantez les coquilles creuses. Faites cuire avec le poivre, les échalotes et l'ail (hachés menu) dans le tiers du champagne et jusqu'à complète évaporation. Incorporez l'eau des huîtres, les jaunes d'œufs battus et le citron au reste du champagne. Éliminez les grains de poivre, versez le mélange sur les échalotes et l'ail, et fouettez pour faire épaissir (sans amener à ébullition). Ajoutez le beurre par petits morceaux. Une fois les huîtres replacées dans leur coquille, disposez-les dans un plat allant au four, nappez-les de la sauce et passez-les 5 mn sous le gril.

CONFLIT DE HOMARDS

Ici se place le terrible
dilemme : faut-il dire
homard à l'armoricaine
ou bien
homard à l'américaine ?

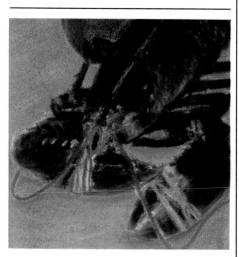

Certes, dire « à l'armoricaine » est sans doute plus flatteur et on a d'emblée tendance à écarter l'autre nom par une défiance bien légitime envers l'art culinaire des dévoreurs de ketchup.

Pourtant de bons esprits croient le nom « à l'américaine » plus conforme à la vérité historique. Ce qui est sûr en tout cas, c'est qu'il s'agit d'un plat français — même si son auteur n'est pas formellement identifié.

Pour certains, nous sommes en présence de la recette née en 1853 de l'imagination de Constantin Guillot, chef du *Bonnefoy*, restaurant à la mode de l'époque, et aussitôt copiée par d'autres dont le *Café Américain* — d'où l'appellation outre-Atlantique qui lui est restée. Mais pour d'autres, le véritable créateur s'appelle Pierre Fraisse : à son retour des États-Unis, vers 1860, ce chef aurait « improvisé » ce mets dans son restaurant le *Peters's* pour des clients tardifs. Comme il ne lui restait rien d'autre à leur servir que les homards de son vivier, il les cuisina tout crus pour gagner du temps. Car quel que soit le cas de figure, ce qui fait la cruelle originalité de cette recette célébrissime réside dans le découpage en rondelles du homard vivant. L'horreur de ce massacre à la tronçonneuse passant peut-être mieux en vers (?), en voici quelques-uns de Charles Monselet :

« *Prenez un beau homard*
puis sur sa carapace
Posez une main ferme
et quelques sauts qu'il fasse,
Sans plus vous attendrir
à ses regards amers,
Découpez tout vivant
ce cardinal des mers.
Projetez tour à tour dans l'huile
Chaque morceau tout frémissant,
Sel, poivre, et puis, chose facile,
Un soupçon d'ail en l'écrasant,
Du bon vin blanc, de la tomate,
Des aromates à foison
Se mêleront à l'écarlate
De la tunique du poisson.
Pour la cuisson c'est en moyenne
Trente minutes à peu près,
Un peu de glace et de Cayenne
Pour la finir, et puis c'est prêt. »

Ajoutons que le gourmet impavide flambera son chef-d'œuvre à l'eau-de-vie (ou au whisky pour faire encore plus américain) et le finira en beauté avec un verre de cognac (facultatif). Ajoutons aussi que, même s'il doit être un petit peu moins bon, il est infiniment plus sympathique de cuisiner de la même manière un homard cru congelé.

Enfin, pour ceux que la sophistication de cette recette découragerait, signalons que le homard — comme la langouste d'ailleurs — n'est peut-être jamais meilleur que tout simplement grillé (si possible au feu de bois), coupé en deux dans le sens de la longueur et servi nappé d'un beurre fondu aromatisé.

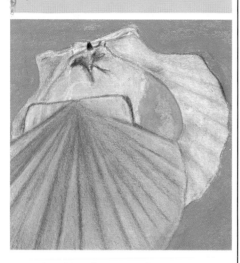

COQUILLES POUR CORDONS-BLEUS

Jamais démenti, le succès de ces vertueuses coquilles Saint-Jacques est à l'origine d'innombrables recettes...

Parmi une débauche de noix et de coraux, voici six pieuses suggestions :

Á la provençale.

Revenues à point à la poêle dans de l'huile d'olive, avec jus de citron, ail et persil.

À la nage.

Cuites 5 mn dans un court-bouillon épicé où on battra ensuite 1 jaune d'œuf pour le proposer en guise de sauce.

À la normande.

Plongées 4 mn dans du cidre brut ; égouttées et revenues dans un beurre parsemé de ciboulette et additionné d'un peu de cidre ; nappées d'une persillade (facultativement rehaussée d'un doigt de calvados) ; servies avec du riz arrosé de la sauce et une bolée de cidre bouché, évidemment.
Si vous utilisez des coquilles Saint-Jacques congelées (on n'en trouve pas de fraîches l'été), moins chères et tout à fait délicieuses au demeurant, veillez à les décongeler lentement et dans du lait avant de les cuisiner comme un produit frais.

Coquilles Saint-Jacques crues.

Escalopées en fines lamelles et macérées 4 ou 5 heures dans un jus de citron (qui les cuit) et de l'huile d'olive.

Vapeur.

Cuites 8 mn au-dessus d'un bouillon aromatisé, servies avec un beurre fondu citronné, relevées avec du poivre blanc à la menthe.

En salade.

Juste pochées dans un fin bouillon au vin blanc, puis escalopées et couchées tièdes (avec un avocat en tranches) sur lit de trévise.

L'ART DES COQUES

On les mange de toutes les manières : crues (ce qui sied à leur côté frais et juteux), tièdes (en salade ou vapeur) et chaudes (elles entrent dans la préparation d'innombrables pâtes, pizzas et cassolettes).

Tartines de coques.

Dans une belle miche de pain de campagne, coupez d'épaisses tartines que vous frotterez confortablement d'ail dessus et dessous ; garnissez-les d'une bonne couche de coques décortiquées nappez-les d'un trait d'huile d'olive aromatisée, d'un soupçon de sel et de quelques tours de moulin à poivre ; disposez les tartines sur la grille de votre four juste sous le gril et laissez-les dorer à point. À déguster devant un verre de vin blanc sec et frais, par exemple à l'apéritif.

Compostelle de coques.

Faites ouvrir 1 litre de coques dans une grande casserole ; une fois décortiquées et bien égouttées, passez-les au mixer avec de la mie de pain (comptez autant de mie que de coques) ; ajoutez oignon, sel, poivre et persil ; mouillez avec le jus de cuisson puis faites revenir ce mélange dans un peu de beurre ; garnissez-en des coquilles vides de Saint-Jacques ; décorez d'un nuage de chapelure et encore d'une noisette de beurre ; gratinez à four chaud.

VARIATIONS SUR LE THÈME DES MOULES

Un motif peut-être galvaudé mais qui fera toujours des recettes !

Moules marinières.

Pour 2 personnes en plat principal, pour 4 en entrée : dans une cocotte, faites revenir dans une noix de beurre 2 échalotes (ou 1 oignon) et 1 gousse d'ail hachés ; versez-y 2 litres de bouchots (ou mieux : 1 litre de bouchots et 1 litre de hollandes), poivrez, salez ; ajoutez 1 dl de vin blanc sec, bouquet garni et persil frais ; couvrez et laissez cuire 10 mn à feu moyen.

Soupe de moules.

Faites ouvrir 1 litre de moules de bouchot dans une casserole ; retirez les deux coquilles et filtrez le jus ; faites revenir 1 oignon haché dans de l'huile ; ajoutez-y 2 tomates pelées et épépinées, du piment de Cayenne, des herbes de Provence (pointe d'ail facultative) ; laissez réduire à feu vif ; intégrez les moules, le jus et 3/4 de litre d'eau (pas trop) salée ; dès ébullition, plongez-y 25 g de spaghetti coupés et laissez cuire encore 1/4 d'heure ; servez avec du parmesan, des croûtons et une « rouille ».

LA PASSION DES BELGES pour les frites est entrée dans la légende ; leur amour pour les moules pourrait tout aussi bien être cité en exemple. Il y a peu encore, on les vendait « à la toux » : le marchand servait les moules jusqu'à ce que le client l'arrête en toussant. Le mariage moules-frites prend des allures de plat national (la frite s'attrape avec les coquilles de la moule). Tradition *sine qua non* : les moules marinières elles-mêmes sont cuisinées et servies avec de la bière.

*L*e safran est une épice trop timidement utilisée avec les coquillages, parfumez-en, colorez-en vos moules de bouchot.

À la catalane.

Faites ouvrir 1 litre de moules avec 1 oignon coupé, du sel, du poivre et du persil ; jetez une des deux coquilles ; faites un roux avec 50 g de beurre, 25 g de farine et 1 oignon haché ; ajoutez-y l'eau des moules et le jus de 1 citron ; comptez 10 ou 15 mn de cuisson avant d'intégrer les moules à la sauce et de passer le tout (décoré de chapelure et de noisettes de beurre) à four chaud.

En croquettes.

Une fois ouvertes (sans eau ni vin blanc), retirez les deux coquilles ; préparez une sauce avec autant de lait chaud que de jus de moules, et avec le double de beurre que de farine ; faites-la épaissir à feu doux ; ajoutez les moules et 2 jaunes d'œufs battus ; quand la pâte a refroidi, faites frire les croquettes obtenues dans de l'huile très chaude ; servez avec du persil frais.

CREVETTES EN VEDETTE

C'est bien leur tour ! Elles se suffisent très bien à elles-mêmes. Alors pourquoi les cantonner dans un rôle de comparse pour le décor ? Grises ou roses, petites et grosses méritent mieux !

Crevettes roses au miel.

Décortiquez de grosses crevettes crues ; délayez du miel (liquide) dans un peu d'eau froide additionnée d'un trait de cognac ; ajoutez curry et piment de Cayenne (ne salez pas) ; jetez les crevettes dans de l'huile à friture bouillante : attendez qu'elles brunissent un peu pour les retirer et les égoutter ; nappez avec le miel et servez glacé.

Croquettes de grises.

Préparez une béchamel épaisse et relevée (prévoyez-en autant que de crevettes) ; plongez-y les petites grises toutes décortiquées et tournez 1/4 d'heure à feu doux ; laissez refroidir ; préparez les croquettes avec la pâte obtenue, roulée dans de la chapelure et 1 blanc d'œuf battu ; faites frire et servez aussitôt.

Gambas grillées.

Dans un mélange d'huile d'olive et de citron (vert de préférence), faites mariner 1/2 journée les gambas non décortiquées (leur carapace leur assure goût et croquant) ; égouttez-les, salez, poivrez, saupoudrez d'un peu de tandoori (poudre indienne qui donne un joli coloris rouge et ce qu'il faut d'exotisme) ; passez à gril très vif.

Langoustines « à la mode de Dame Queunoue ».

Pour 4 personnes, achetez 1 kg de langoustines vivantes, lavez-les et jetez-les dans un court-bouillon (bien pimenté et salé) à ébullition : comptez 2 mn à la cocotte-minute ; égouttez et réservez le jus de cuisson ; faites revenir les langoustines dans un peu de beurre, où vous les flamberez au cognac ; passez à la préparation de la sauce : moitié bouillon, moitié vin blanc sec + 2 cuil. à soupe de farine ; ajoutez une grosse boîte de tomates pelées et écrasez-les ; hachez finement 2 échalotes et 2 gousses d'ail ; poivrez, mélangez, réservez jusqu'au lendemain — les crustacés à part ; il ne vous restera plus qu'à réchauffer la sauce (rectifiez l'assaisonnement si besoin est) et à y replonger les langoustines 10 mn ; servez avec un riz pilaf.

Camarones à l'ail.

Pour 6 personnes : décortiquez 18 pièces sans enlever la queue ; préparez un mélange d'huile d'olive et de citron, d'échalotes (4), de gousses d'ail (6), de persil (4 cuil. à soupe) ; laissez-y macérer 1 heure les camarones ; après les avoir égouttées, faites-les sauter 5 mn dans de l'huile. Poivrez (beaucoup) et salez ; servez-les copieusement nappées de la marinade.

LA MEILLEURE SAUCE
Pour la savourer, une araignée de mer se prépare avec... une araignée de mer. Quand votre crustacé (femelle) est cuit, prélevez son corail (rouge-orange) et son foie (brun-vert) ; écrasez-les ensemble pour les mêler avec de l'huile d'olive à une échalote hachée menu, un filet de vinaigre de vin et de la moutarde forte (pas trop pour ne pas altérer la finesse) ; salez, poivrez et mélangez bien. Dégustée tiède avec cette sauce, l'araignée est imbattable.

LES TRIBULATIONS D'UN OURSIN EN CUISINE

Plaignons ce mets divin entre tous : il a connu bien des avatars à travers les siècles. On ne saurait trop répéter qu'il n'est jamais meilleur qu'au naturel, consommé à la petite cuillère, avec du pain beurré et devant un bon verre de vin blanc.

Pour mémoire cependant, évoquons quelques-uns de ses accommodements répandus de par le monde :

À la mode antique.

Oursins cuits dans du miel avec menthe et persil.

Façon Grand Siècle.

Dégustés avec du poivre blanc et des oranges.

Comme aux Caraïbes

Revenus dans du beurre avec des oignons.

À la crétoise.

Coraux servis à part, dans de l'huile d'olive (c'est excellent).

À la braise.

Oursins (bien nettoyés) grillés quelques minutes : le corail doit prendre l'aspect d'un jaune d'œuf dur.

En omelette.

Coraux incorporés aux œufs battus.

À la coque.

Une coquille farcie de coraux de plusieurs oursins, emplie de 1 jaune d'œuf et de beurre fondu, chauffée 3 mn au four et trempée à la mouillette.

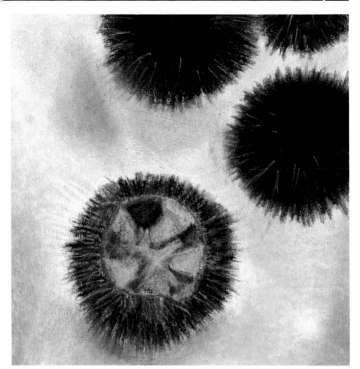

Attention : les boîtes d'oursins que l'on peut trouver dans le commerce contiennent des coraux jolis à voir et sagement rangés mais sans intérêt au goût… Quant aux sauces à la crème d'oursin, elles ont un bouquet certain mais un rapport lointain avec notre brave échinoderme !

*F*aites confiance aux Crétois : essayez les oursins à l'huile d'olive, vous ne serez pas déçu.

ORMEAUX ET ABALONES

On en redemande dès qu'on y a goûté ! Si vous avez le bonheur de trouver des ormeaux frais (surveillez les marchés à l'époque des grandes marées), extrayez-les de leur coquille au couteau, ébarbez-les, lavez-les à grande eau puis attendrissez-les au maillet (enveloppés dans une serviette) avant toute cuisson…

Escalopes de l'océan.

Faites revenir de petits ormeaux dans une poêle avec des oignons hachés et du beurre : 5 mn d'un côté, 4 mn de l'autre ; salez, poivrez généreusement et citronnez ; servez très chaud.

Steaks hachés marins.

Passez les ormeaux au mixer ; dorez oignons et tomates pelés dans du beurre, avec ail, bouquet garni, sel et poivre ; déposez-y la purée d'ormeaux, couvrez de vin blanc sec et laissez mijoter 10 mn ; juste avant de servir, ajoutez un doigt de cognac.

Née en Chine, la romancière Pearl Buck nous en rapporte une recette à partir d'ormeaux en conserve :

Abalone braisé sur cœur de laitue.

Videz le jus d'une boîte de 500 g d'abalones et délayez-y 1/4 de tasse d'eau, 1 cuil. à soupe de Maïzena, 1/4 de cuil. à café de sel et 1 pincée de poivre blanc ; faites cuire 1 mn à feu vif les feuilles d'un cœur de laitue dans un peu d'huile (salée) ; égouttez ; émincez la chair des abalones, hachez 2 échalotes, faites-les fricasser ensemble 1 mn dans encore un peu d'huile ; incorporez la sauce à base de jus et portez le tout à ébullition ; faites réduire et laissez épaissir 1 mn ; servez chaud sur la salade encore tiède.

LES COQUILLAGES FARCIS

C'est le grand classique par excellence. Au goût, presque tous les mollusques se prêteraient volontiers à cette farce, mais c'est leur taille et la forme de leur coquille qui commande.

PASSEPORT POUR D'AUTRES RECETTES

En dignes globe-trotters, les fruits de mer font bonne figure sur les tables du monde entier. Cap sur ces plats « typiques » : les tagliatelle aux coques, les scampi fritti et les pizzas pescatore d'Italie ; la paella aux fruits de mer d'Espagne ; les calmars farcis dans leur encre du Portugal ; la sauce d'huîtres et les crevettes au caramel du Viêt-nam ; les pinces de crabes farcies et les langoustines à l'aigre-douce de Chine ; le ragoût de poulpe de Grèce ; les délicieuses ostendaises de Belgique ; les crabes farcis des Antilles ; les trente-six façons de l'Inde de cuisiner les gambas...

Entre les Saint-Jacques trop grandes et les coques trop petites, il reste encore le choix : avec les **amandes** et les **moules** comme réservistes (peut-être moins au « top-niveau » pour cet accommodement-là), les trois meilleurs farcis seront les **praires**, les **palourdes** et les **pétoncles**.

Pour deux douzaines, préparez un beurre d'escargot (!) spécial : 125 g de beurre salé + 1 échalote + 2 ou 3 gousses d'ail + 1 grosse cuillerée à soupe de persil frais haché fin + 1 petite cuillerée à soupe de vin blanc sec + 1 bonne pincée de poivre. Ouvrez les coquillages, ôtez une des deux coquilles et emplissez généreusement l'autre du mélange ; saupoudrez de chapelure (à peine) et gratinez 5 mn à four chaud.

LA CUISINE DES MONSTRES

Une fois surmontée l'appréhension bien légitime due à leur aspect peu engageant, parions que nos trois compères, poulpe, seiche et encornet, prendront vite du galon sur votre table !

Avertissement : chez nous, le poulpe ne dépasse par 1,50 mètre d'envergure, tandis qu'il avoisine déjà les 4 mètres sur les côtes du Pacifique. Quant aux encornets géants, ce n'est pas une légende : on en a vu un de 2 tonnes et un autre de 17,50 mètres — tentacules compris, Dieu merci !

Officiellement, car officieusement certains calmars des profondeurs atteindraient le double… Dans le commerce, rien d'effrayant : on y vend de petits monstres mous, ou des plus gros en pièces détachées, on ne peut plus morts (frais quand même !) et inoffensifs.

Le poulpe.

Il est vraiment délicieux — au goût comme par sa consistance, il ressemble un peu au homard — à condition d'être attendri (pour ce faire, si vous disposez de quelques mois devant vous, laissez-le se détendre tranquillement au congélateur : il en ressortira tout attendri). Actuellement très en vogue sous forme de salades préparées (délicieuses pour peu qu'on ne craigne pas le vinaigre), on s'en régalera aussi « à la catalane » :
faites-le dégorger 10 mn à l'eau courante, puis blanchissez-le et égouttez-le (il rend beaucoup de liquide en cuisant) ; découpez-le en tronçons pas trop gros tout en le débarrassant de la peau qui le recouvre ; faites revenir à l'huile d'olive 1 oignon haché, ajoutez 1 verre de vin blanc sec, 2 ou 3 tomates épépinées et un bouquet garni ; pimentez, salez et

faites-y cuire les
morceaux de poulpe à
feu doux au moins
1 h 1/2 ; ajoutez
quelques noisettes de
beurre au moment de
servir.

L'encornet.

Il a lui aussi un goût
tout à fait excellent. La
plupart du temps, son
manteau est
commercialisé entier
(ce sont les fameux
« blancs » de calmars),
ou encore sous forme
de rondelles bien
connues (cf. les
beignets à la romaine).

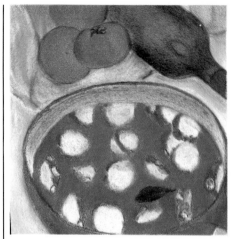

oignons, ail, persil, mie
de pain, moules ou/et
coques ; passez
l'ensemble au four,
nappé d'une huile
d'olive aromatisée au
thym et au fenouil.

La seiche.

Elle est encore plus
fine et savoureuse que
l'encornet. On trouve
là également les plus
grosses sous forme de
« blancs », mais du
« supion » provençal au
« casseron » des
Charentes, les plus
petites seiches
vendues entières sont
les meilleures.
Succès garanti quel que
soit le mode de

préparation : froides en
salade (ou bien à la
mayonnaise, à la crème
fraîche...), tièdes en
vinaigrette (avec des
pommes de terre
vapeur), chaudes et
frites en lanières (avec
des tomates à la
provençale et du riz)...

*L*es « blancs » vendus
nettoyés sont la façon
la plus sympathique de
cuisiner le calmar ; un
peu de pâte à frire et
vous aurez tôt fait de
confectionner de
croustillants beignets
« à la romaine ».

Parmi les plus fins, il
faut citer les « flèches »
du Midi, et les
« chipirons » de la côte
basque et des
Baléares.
Une recette
particulièrement
succulente consiste à
farcir des « blancs »
d'un mélange de
tentacules hachés avec

ET LES AUTRES...

Tant d'autres membres de cette grande famille des fruits de mer ne demandent aussi qu'à stimuler votre imagination culinaire !

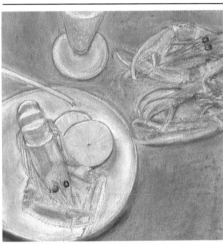

Palourdes à la crème.

Pour deux douzaines de coquillages : faites revenir 1 oignon dans 30 g de beurre demi-sel, avec du persil frais et du basilic hachés menu ; mettez-y en même temps les palourdes entières (qui auront longtemps dégorgé) et 2 dl de vin blanc sec ; retirez les coquilles après ouverture et éliminez une des deux valves ; filtrez le jus, réduisez-le à feu vif ; ajoutez-y alors 1 dl de crème fraîche, en tournant pour que la sauce épaississe ; remettez les palourdes 1 mn à feu doux ; servez aussitôt.

SAVOIR PRÉPARER UN COULIS D'ÉCREVISSES

La recette du coulis est simple et peut se confectionner à partir de plusieurs crustacés : étrilles, langoustines, écrevisses... Laissez réduire un court-bouillon composé de vin blanc sec, d'oignons, d'échalotes, d'ail, de thym, de persil, de clous de girofle, de poivre et de sel ; faites-y cuire une demi-heure vos écrevisses. Défaites les queues, réservez-les ; pilez tout le reste (pattes et carapace) pour le faire revenir dans du beurre ; saupoudrez le mélange obtenu de farine et laissez encore mijoter 10 mn. Mouillez le court-bouillon avec 2 cuillerées à dessert de lait et cuisez une dernière fois 10 mn. Passez au chinois et retirez ce qui reste des carapaces. Liez avec des jaunes d'œufs délayés dans de la crème fraîche. Servez froid ou chaud avec les queues d'écrevisses.

Méli-mélo de coquillages en ragoût.

Cette recette se cuisine à la vapeur. Pour 4 personnes, prévoyez 4 litres de coquillages différents, au choix — par exemple des moules de bouchot, des coques, des vénus, des pétoncles ; après barbotage et nettoyage, disposez-les tout entiers sur un lit de persil frais dans le panier perforé de votre cocotte-minute ou cuisson-vapeur ; ajoutez 3 échalotes et 1 gousse d'ail hachées, ainsi qu'une bonne cuillerée à soupe de gros sel ; faites chauffer 1 litre de vin blanc sec parfumé d'un bouquet garni et, quand il commence à frémir, placez le panier au-dessus ; couvrez et laissez cuire 7 mn ; servez très chaud avec un beurre fondu citronné et poivré.

ÉCREVISSES À LA MODE D'AVÈZE

… ou l'art d'accommoder les restes. Cette recette familiale nous vient d'un petit village des Cévennes (Avèze) situé au bord d'une rivière jadis riche en écrevisses, l'Arre. Aussi économique que gastronomique, elle se situe dans la ligne du coulis, à ceci près qu'on la prépare après s'être délecté des écrevisses, ce qui promet un second régal ! Au lieu de jeter les pattes et les carapaces vidées, on les réunit dans un mixer où on les broie finement ; on les fait ensuite revenir 5 mn dans un peu d'huile avant de les déglacer au cognac. La suite de la recette rejoint celle du coulis traditionnel et le résultat se sert comme une bisque ou un velouté.

LES PÉTONCLES GRILLÉS « À LA JOËLLE R. »

Le raffinement n'est pas forcément sophistiqué ; voici une recette toute simple qui vous fera apprécier la finesse des pétoncles : il vous suffit de les ouvrir et d'enlever leur couvercle, de les passer sous l'eau et de les laisser égoutter ; placez-les ensuite tels quels juste sous le gril de votre four quelques minutes (cette suggestion vaut également pour de petites coquilles Saint-Jacques).

LE BERNARD-L'ERMITE SE MANGE

Alors, si vous en trouvez dans vos bulots ou ailleurs, cuisinez-les. Ces drôles de « nabots », au goût curieusement sucré se font cuire un petit quart d'heure dans un mélange bien relevé de bonnes choses : vin blanc, beurre, oignon, tomate et bouquet garni. Dégustés tièdes avec une vinaigrette, ils constituent un mets de choix.

À VOTRE SANTÉ !

UNE CURE DE FRUITS DE MER.

*V*ous voulez tout ? Les plaisirs de la table, faire la fête et rester svelte et dynamique ? Une seule solution : les fruits de mer ! Remise en forme assurée. Au programme : une vague de vitamines, un grand bol d'iode, une moisson d'oligo-éléments, le plein d'acides aminés, bref, un vrai coup de fouet dans votre assiette ! Et puis, laissez aussi la mer ouvrir pour vous son jardin de beauté : avec des algues tous azimuts, c'est l'océan dans votre salle de bains !

Un clam filtre déjà 20 litres d'eau de mer par jour. Une huître plate monte à 30 litres, et une creuse ne descend pas en dessous de 60… Ce qui est encore peu par

rapport à la moule qui va, elle, jusqu'à filtrer 5 litres par heure (ce qui explique que si l'eau où on la pêche est polluée, le coquillage en sera d'autant plus contaminé…).

Filtrant d'incroyables quantités d'eau de mer, les coquillages sont formidablement riches en oligo-éléments. Et si tous ne renferment pas une perle, vous y trouverez toujours au moins des trésors de santé !

Sus aux vitamines !

Gorgée de vitamines A, B1, B2, B6, C, D, E, PP, l'huître n'est pas seulement un mets des dieux, c'est aussi un excellent médicament ! Ainsi, en plus évidemment du plaisir que cela procure, déguster une simple douzaine de fines de claires moyennes apporte à l'organisme 49,5 mg d'iode : plus que n'importe quel autre produit de la mer. Quant aux sels minéraux de l'huître, ils régénèrent notre sang (rétablissement du taux normal des globules rouges). En somme, les fruits de mer sont nos alliés pour combattre dénutrition, asthénie, mélancolie, hypocondrie, anémie…

Vivre d'amour et d'eau de mer.

En plus de leurs vertus curatives, les fruits de mer ont aussi la réputation — tenace — d'être de puissants aphrodisiaques. Sceptiques ? Souvenez-vous tout de même qu'en vue de ses innombrables exploits amoureux le grand séducteur Casanova n'hésitait pas à gober quatre douzaines d'huîtres à son petit déjeuner… Diverti par ces horizons d'alcôve qu'ouvrent ainsi les mollusques, Émile Zola se reposa un temps des brumes délétères de son *Assommoir* pour composer en bord de mer un drolatique hommage à l'amour marin : *Les Coquillages de M. Chabre.* Doté d'une épouse charmante, ce falot personnage se désolait de ne pas arriver à lui faire un enfant. Sur le conseil éclairé d'un médecin porté sur les fruits de mer, il partit sur la côte avec sa femme se doper aux patelles et aux moules. Mais là, il arriva ce qui devait arriver… L'adorable Estelle revint bien enceinte de cette cure de coquillages, mais du bel Hector de Plougastel, improvisé pêcheur de crevettes par amour, et qui avait su se montrer prévenant tandis que le mari préférait mastiquer consciencieusement sa ration de chapeaux chinois.

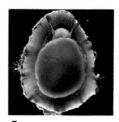

*L*a patelle et le cor au pied : fable ? C'est en tout cas un remède de bonne femme (anglaise) du siècle dernier : en appliquant un chapeau chinois sur le cor, ce dernier disparaît.

*C*oquillages, légumes et crustacés sont trois garants de la santé ; optez pour la cuisson la plus naturelle (sans matière grasse), et qui rendra votre « régime » plutôt enviable.

Un aliment complet ?

Les performances tant gustatives que thérapeutiques de l'huître ont toujours fasciné les connaisseurs. En 1689, une thèse de médecine concluait déjà qu'elle était bien « le plus sain et le plus avantageux des aliments ». Ce qui est sûr, c'est qu'à poids égal elle vaut le lait. Qu'on en juge :

TABLEAU COMPARATIF HUITRE/LAIT

	Eau	Graisses	Sels minéraux	Hydro-carbones
Lait	87 %	4 %	0,7 %	5 %
Huître	86%	2%	1 à 2 %	4 %

VALEURS NUTRITIVES COMPARÉES
quantités données en milligrammes pour 100 g d'aliments

	lait entier (cru ou cuit)	Huître (crue)	St. Jacques (cuite)	Bœuf (cuit) filet
Calories	64	66	71	255
Protides	3,3	9,0	14,8	18,4
Lipides	3,6	1,2	0,5	20,2
Glucides	4,7	4,8	1,8	0,0
Phosphore	92	143	158	184
Manganèse	12	42	-	28
Calcium	120	94	21	11
Fer	0,05	5,50	1,50	2,80
Sodium	48	73	1,58	75
Potassium	157	110	354	368
Vitamine C	1,70	3,00	0,00	0,00
Vitamine B1	0,040	0,180	0,030	0,060
Vitamine B2	0,180	0,230	0,080	0,120

VALEURS NUTRITIVES COMPARÉES
avant/après cuisson ete conservation

	Moule (crue)	Moule (cuite)	Crabe (cuit)	Crabe (conserve)
Calories	73	67	121	97
Protides	11,7	11,6	19,0	17,4
Lipides	1,9	1,8	5,0	2,5
Glucides	2,2	2,1	0,0	1,1
Phosphore	250	197	350	182
Manganèse	23	19	48	48
Calcium	88	69	30	45
Fer	5,80	4,90	0,60	0,80
Sodium	290	305	366	1000
Potassium	315	265	271	110

d'après les *Tables des valeurs nutritives* du Dr Z.L. Ostrowski, éditions J. Lanore, 1978.

GARE AUX INTOXICATIONS !

Voici que se profilent à l'horizon les spectres de l'hépatite, de la méningite et de la typhoïde. Or, dans l'immense majorité des cas, les intoxications dues aux fruits de mer, si elles sont épuisantes, restent heureusement bénignes. Bien sûr, si l'on observe les deux règles d'or : « salubrité et fraîcheur », on n'a en principe rien à redouter ; mais personne n'est à l'abri d'une malchance. Le risque majeur qui peut guetter l'amateur de coquillages est l'hépatite virale. Cette forme de « jaunisse » à incubation lente se transmet par la voie digestive, est contagieuse et touche principalement les enfants, moins immunisés que les adultes contre les contaminations ; mamans et futures mamans se doivent donc d'être très prudentes.

On en a inventorié de par le monde la bagatelle de 25 000 espèces, de toutes les formes et de toutes les couleurs !

TANT QU'IL Y AURA DES ALGUES

Véritables sérums d'eau de mer, d'une richesse inépuisable, elles constitueront peut-être la nourriture de demain…

On en utilise déjà plus d'une cinquantaine tant en thérapeutique et en cosmétologie qu'en diététique.

Bourrées de vitamines (A, B, E, K) comme d'oligo-éléments (phosphore, potassium, calcium, cuivre, manganèse…), elles vous offriront sans compter leurs trésors.

La pharmacie du fond des mers.

En France, on utilise principalement les algues brunes dites *Fucus vesiculosus, Ascophyllum nodosum* et *Laminaria digita.*

Le *fucus* doit à ses vertus amincissantes et relaxantes d'être à la base de maintes crèmes de beauté. Comme les autres, l'*Ascophyllum* est réputée pour ses propriétés amincissantes, favorisant l'élimination des toxines et de l'eau emprisonnée dans les tissus.

Incroyablement iodées, les longues laminaires (3 ou 4 mètres !) sont récoltées surtout en Bretagne : ces « fouets de sorcière » font partie du gratin des algues mondiales.

On l'aura compris, les capacités des

*U*n retour aux sources ? Avec leurs 3 milliards d'années d'existence, les algues sont une des toutes premières formes de vie apparues sur la planète.

algues sont inépuisables. Le chondrus par exemple cumule à lui seul les actions antibactérienne, hypocholestérolémiante, antifongique, antivirale, muco-protectrice digestive, anticoagulante, hypotensive, laxative... Qui dit mieux ? Avec de telles performances, rien d'étonnant donc à ce qu'on mette les algues à contribution pour lutter contre la déminéralisation, le vieillissement, l'excès de poids, les rhumatismes, la mauvaise circulation, la constipation et tutti quanti.

*D*es algues en gélules ! manque de tonus ? nervosité ? insomnies ? Vite, des vitamines et des oligo-éléments... C'est justement le fort des algues de revitaliser et reminéraliser l'organisme.

La beauté par les algues.

En poudre, concassées, lyophilisées, micro-éclatées, en extrait... Fraîcheur et bien-être au rendez-vous. Des gels raffermissants aux crèmes antirides, des peelings marins et des bains silhouette aux laits amincissants ou défatigants, sans oublier les ampoules hydratantes, les pains de toilette et les masques désincrustants... vos amies les algues vous promettent un corps de sirène !

En vacances sur la plage, pensez déjà à tonifier vos futurs bains de citadin : récoltez les algues que la mer met à vos pieds, faites-les sécher au soleil et rapportez-les chez vous dans des sacs hermétiques.

MODE D'EMPLOI DU PARFAIT BAIN D'ALGUES

Principe
une pratique régulière (deux ou trois bains par semaine si possible).

Conseil
se servir des sachets d'algues comme d'un gant de massage.

Avant
ce type de bain ne lavant pas, le faire précéder d'une toilette en règle (avec un savon aux algues !).

Pendant
une température de 37° max. (Au-dessus les principes actifs perdent de leur efficacité).

Après
relaxation (un quart d'heure) puis douche (la plus froide possible).

AUX ALGUES, CITOYENS !

Sortez des sentiers battus, découvrez les saveurs du potager marin : fabriquez des croûtons pour les potages avec du *nori* grillé ; faites frire de la *porphyra* dans de la graisse de lard ; servez vos poulets avec du *chondrus* ; parfumez vos ragoûts à la *laminaria* ; cuisinez vos poissons à la *salicorne* ; farcissez vos gratins à la *dulse*, composez des salades d'*alaria*, de *palmaria*, de *laitue de mer*...

*L*e vinaigre aromatisé aux algues s'impose naturellement sur votre table pour toute dégustation de coquillages.

*S*éché ou frais, le goémon est très riche en nutriments et en oligo-éléments ; il parfume avec bonheur potages et ragoûts.

Les algues et la table.

Pauvres en matières grasses et en calories mais riches en minéraux, oligo-éléments et vitamines, elles font de remarquables compléments alimentaires.

Ici, vous les trouverez sous deux formes : en extrait et en poudre (gélules, comprimés, sachets). Seule contre-indication : l'hyperthyroïdie (très iodées, les algues stimulent le métabolisme thyroïdien).

En ce qui concerne les algues proprement culinaires, on en trouve déjà un bel éventail dans le commerce (grandes surfaces, magasins de diététique, pharmacies) : dulse, laitue de mer, kombou, nori et spaghetti de mer viennent de Bretagne ; l'agar-agar de la côte basque. Et il serait criminel de négliger les imports japonais dont les aramé, iziki et autres wakamé sont d'inestimables fleurons.

À ce propos, la palme revient aux Japonais, champions du monde en algues, puisqu'ils en mangent une moyenne de 80 g par jour et par personne !

Force est d'ailleurs de constater que ce peuple friand entre tous d'algues et de fruits de mer connaît quatorze fois moins de maladies cardio-vasculaires que les Européens…

LA PANACÉE

N'exagérons rien, mais chacune a ses mérites : l'*aquaplancton* (déjà estimé pour ses propriétés antibactériennes) est capable de revitaliser l'épiderme ; la *coralline* (en sus de son rôle de vermifuge) possède les vertus hydratantes et émolientes chères aux soins de beauté ; l'*immortelle des sables* (diurétique et astringente) soigne les maladies de la peau ; l'*éphédra* (outre son rôle anti-inflammatoire) sait se faire calmante, adoucissante ; la *salicorne* est douée d'un grand pouvoir amincissant, tandis que la *spiruline* combat l'anémie et les troubles du système nerveux…

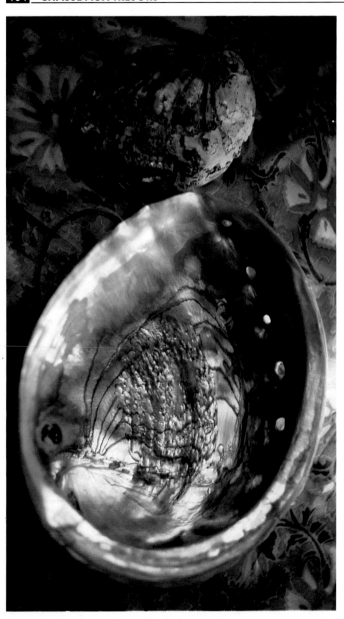

CHASSE AUX TRÉSORS

BIJOUX,
COLLECTIONS,
DÉCORATION.

Symboles éternels...
Formes prodigieuses.
Perfections infinies...
Coquillages
ahurissants, joyaux
précieux ou bibelots
des rivages, les fruits
de mer investissent
l'art et la décoration,
dorment dans les
musées et illuminent
les boutiques de
souvenirs. Alors, allez
vite pêcher des idées
sur les ports ou dans
les expositions et
rentrez chez vous
monter votre propre
collection.

Ce sont ceux qui trônent dans les musées d'histoire naturelle, les galeries d'exposition ou les riches collections privées. Certains spécimens sont inestimables, d'autres valent de petites fortunes (en 1978, aux USA, un particulier a refusé de se dessaisir de son précieux *Conus servus* pour 10 000 $).

COQUILLAGES-STARS

Le Salon international de Lausanne décerne chaque année son Premier Prix au plus beau ou au plus rare des coquillages en lice.

De nombreuses associations de conchyliophiles et maintes revues spécialisées se sont fondées de par le monde pour la plus grande gloire de la coquille...

COQUILLAGES-BIBELOTS

Il hante les vitrines des bazars de plages et autres magasins de souvenirs, sous d'innombrables formes : colliers, coffrets, poupées, bateaux, bouteilles, lampes du bord de mer... Les trois grands classiques du vacancier : les colliers en bigorneaux décoratifs, les cendriers en coquille d'ormeau (pareille merveille, finir ainsi ? Quel scandale !), et les fleurs artificielles en *roses* multicolores : ce sont ces jolies nacres en forme de pétale irisé et chatoyant qu'on trouve sur le sable (il s'agit en fait de mini-huîtres sans aucun intérêt gustatif...).

*L*es vitrines des bazars de stations balnéaires proposent une ribambelle de coquillages, bibelots et colifichets qui, au retour des vacances, vous rappelleront encore la plage.

COQUILLAGES-BIJOUX

UN NIPPON « INVENTE » LA PERLE DE CULTURE

… On en parlait, elle était dans l'air, mais elle naquit quand, aux recherches du spécialiste Yoshikicki Mizukuri, vinrent s'ajouter les idées lumineuses de Kichimatsu Mikimoto : il obtint ses premières réussites vers 1893. Dans le demi-siècle qui suivit, et en dépit de la grande invasion de poulpes de 1911 (l'ennemi mortel de l'huître) comme des marées rouges de 1900 et 1905 (celles où le plancton tue par asphyxie), sa production fut gigantesque, colossale. Aujourd'hui encore, le pays de Mikimoto reste le maître de la perle de culture.

Coffrets en nacre, coraux, broches, colliers, boucles d'oreilles en perles… ou les fruits de mer à la source du luxe et de la beauté ! Dans ses *Vingt Mille Lieues sous les mers,* Jules Verne évoque cette merveille de la nature qu'est une perle :

« … Pour le poète, la perle est une larme de la mer ; pour les Orientaux, c'est une goutte de rosée solidifiée ; pour les dames, c'est un bijou de forme oblongue d'un éclat hyalin, d'une matière nacrée, qu'elles portent au doigt, au cou ou à l'oreille ; pour le chimiste, c'est un mélange de phosphate et de carbonate de chaux avec un peu de gélatine, et enfin pour les naturalistes, c'est une simple sécrétion maladive de l'organe qui produit la nacre chez certains bivalves. »

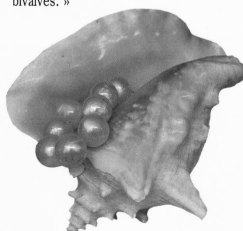

LES COLLECTIONS DE COQUILLAGES

À l'origine de la perle, il y a un corps étranger (grain de sable…) qui s'est introduit dans la coquille ; irritée, l'huître se défend en enrobant l'intrus de couches concentriques : la perle naît.

L'invention de la perle de culture se résume à provoquer à volonté ce processus de défense ; sur cent huîtres greffées, une vingtaine produiront des perles commercialisables.

Devenez conchyliophile à peu de frais : en se retirant, la mer ne vous lègue-t-elle pas ses trésors épars sur les plages ?

Mise en scène.

De la boîte à chaussures aménagée à la vitrine sophistiquée en passant par les éprouvettes et les tiroirs à compartiments, tout est possible.

Repérez seulement les trois ennemis de votre collection : poussière, lumière… et casse. Et souvenez-vous qu'un coquillage bien exposé, habilement éclairé (en douceur donc), peut devenir à lui seul une œuvre d'art originale.

PAS DE PROBLÈMES, DES SOLUTIONS

Des restes de mollusque dans la coquille ? Quelques jours dans du shampooing et tout ira bien. Des corps étrangers sur la coquille ? Trempage dans de l'eau de javel diluée, rinçage soigneux, et elle sera propre comme un sou neuf. Du calcaire dissimule la nacre ? Il suffit de l'attaquer à l'acide chlorhydrique (dilué dans beaucoup d'eau). Usure du temps ? Pour redonner brillance et éclat, rien ne vaut le vernis (à ongles) ou l'huile (y mêler du liquide à vitres pour éviter d'attirer la poussière).

La préparation du coquillage.

Elle s'effectue en cinq étapes :

① Cuisson à l'eau, enveloppé de gaze pour éviter les dégâts ;

② Expulsion du locataire en douceur ;

③ Brossage, à la brosse à dents ;

④ Séchage, à l'abri du soleil pour protéger les couleurs ;

⑤ Remise en forme :

■ s'il s'agit d'un bivalve :
le maintenir avec un élastique dans la position exacte où vous souhaitez le conserver : entrouvert, fermé (un de chaque côte à côte, c'est encore mieux). Au bout d'une semaine, la charnière aura durci, le coquillage restera tel quel. Par précaution, consolider la charnière avec une goutte de colle incolore.

■ s'il s'agit d'un gastéropode :
Surtout ne pas oublier de traiter l'opercule avec les égards qui lui sont dus. Il faut savonner (plus un peu d'eau de javel) cette

« porte » et une fois sèche, elle vous fera la surprise de se révéler parfois aussi belle que la coquille ! Remplir celle-ci de coton ; refermer la porte (avec une goutte de colle sur l'ouate). Là aussi le mieux est de prévoir deux échantillons jumeaux : un côté ouverture, un dos tourné.

Variantes.

Certaines coquilles polies et brillantes craignant l'ébullition, trois solutions de rechange s'offrent au conchyliophile averti :

■ un voyage au congélateur : le corps se rétracte sous l'effet du froid et la couleur reste naturelle ;

■ une descente en eau plate : une fois l'occupant mort et retiré, nettoyer longtemps dans un mélange d'eau et d'alcool ;

■ un séjour temporaire dans le sable, côté ouverture en bas ; laisser faire la nature une bonne semaine.

DES COQUILLES SUGGESTIVES

D'altières coquilles ont inspiré les écrivains : « Les coquillages sont des grands seigneurs qui, tout brodés et tout passementés, évitent le rude et incivil contact de la populace des cailloux. »

V. HUGO

« *Chaque coquillage incrusté*
Dans la grotte où nous nous aimâmes
A sa particularité.
L'un a la pourpre de nos âmes
Dérobée au sang de nos cœurs
Quand je brûle et que tu t'enflammes ;
Cet autre affecte tes langueurs
Et tes pâleurs alors que, lasse,
Tu m'en veux de mes yeux moqueurs ;
Celui-ci contrefait la grâce
De ton oreille, et celui-là
Ta nuque rose, courte et grasse ;
Mais un, entre autres,
me troubla. »

Les Coquillages
des *Fêtes galantes*
de Verlaine

FRUITS DE MER ET CLEF DES SONGES

Vous en rêvez la nuit ?
Voici quelques éclaircissements à interpréter vous-même :
Briser une coquille : faire des connaissances agréables...
Trouver un coquillage : tomber amoureux d'un être sincère...
Pêcher une huître : richesse inattendue...
Manger une huître : jouir de ses richesses...
Rêver d'une algue : quelque chose vous a échappé des mains...
Rêver d'une langouste : chercher à paraître meilleur que l'on est...
Manger un poulpe : éliminer un ennemi puissant...
Être capturé par un poulpe : se trouver dans une situation difficile (qui l'eût cru ?)...

*L*a belle porcelaine ne s'appelle pas « coquille de Vénus » par hasard... Symboles sexuels ou simplement suggestives, bien des coquilles aux formes rondes, creuses, profondes, évoquent pour nous la femme, le sexe féminin, source de vie, plaisir d'amour...

UNE COQUILLE AU PAYS DE L'OR NOIR

C'est avec la fortune qu'amassa le Londonien Marcus Samuel en vendant des coquillages-souvenirs que ses héritiers purent se lancer dans le pétrole. Et c'est en souvenir des fruits de mer qui avaient ainsi permis de financer ses débuts que la firme Shell (dont le nom même signifie coquille) choisit une Saint-Jacques comme logo.

DES COQUILLES ENCHANTÉES

La fameuse Saint-Jacques doit son nom à une vieille et édifiante légende : le navire qui transportait le corps martyrisé de Jacques, le disciple de Jésus, longeait les côtes d'Espagne tandis que des noces païennes se célébraient sur le rivage ; tout d'un coup, le cheval du marié se jeta à l'eau et entraîna son maître vers le funèbre esquif ; sorties de nulle part, de magnifiques coquilles les recouvrirent alors tous deux. Converti par ce miracle, le cavalier fut baptisé sur-le-champ et en mémoire du prodige, le nom du saint apôtre resta aux bivalves.

BIBLIOGRAPHIE

Les Coquillages dans l'histoire des hommes, J. Brisou. Éd. Ouest-France, 1985.

Les Coquillages dans la nature et dans l'art, J.-A. Cox.
Éd. Larousse, 1979.

Le Livre de l'amateur d'huîtres et de coquillages, J. Ser.
Éd. D. Briand - R. Laffont, 1987.

Guide familier des coquillages, R. Tucker Abbott. Éd. La Boétie, 1981.

Vie et mœurs des mollusques, P.-H. Fischer. Éd. Payot, 1950.

Des fermes dans la mer, P. Averous, Éd. Nathan, 1984.

La Pêche à pied, G. Fleury, Éd. du Pen-Duick, 1981.

Guide pratique du parfait pêcheur de plage, P. Le Louarn. Éd. De Vecchi, 1985.

À LIRE AUSSI, ET SURTOUT :

Vingt Mille Lieues sous les mers, J. Verne.

Les Travailleurs de la mer, V. Hugo.

L'Homme et la Coquille, P. Valéry.

POUR EN SAVOIR PLUS

COMITÉ INTERPROFESSIONNEL DE LA CONCHYLICULTURE (CIC)
55, rue des Petits-Champs, 75001 Paris.

INSTITUT FRANÇAIS DE RECHERCHE POUR L'EXPLOITATION DE LA MER (IFREMER)
Rue de l'Ile-d'Yeu, 44200 Nantes.

« CULTURES MARINES »
(Revue professionnelle de la conchyliculture française)
Éd. du Cabestan, 38, rue de l'Église, 75015 Paris.

« ÉQUINOXE »
(Magazine des ressources vivantes de la mer)
Éd. Ifremer.

« RIVAGES ET CULTURES »
129, rue Michel-Ange, 75016 Paris.

Nous tenons à remercier

**(102, boulevard du Montparnasse - Paris 14ᵉ)
de nous avoir ouvert son banc de fruits de mer
pour illustrer ce livre.**

J'ai lu la vie !
© Éditions J'ai lu 1989
27, rue Cassette
75006 Paris

Imprimé en France
par Intergraphie à Saint-Étienne
le 15 juillet 1989
Dépôt légal 30 septembre 1989
ISBN 2-277-380 13-X
Diffusion France et étranger Flammarion